10倍速 ▶▶
影像阅读法

胡雅茹 ▶ 著

北京时代华文书局

图书在版编目（ＣＩＰ）数据

10倍速影像阅读法 / 胡雅茹著. -- 北京 ：北京时代华文书局，2021.5
ISBN 978-7-5699-4107-4

Ⅰ．①1… Ⅱ．①胡… Ⅲ．①读书方法 Ⅳ．①G792

中国版本图书馆CIP数据核字(2021)第046480号

中文简体版通过成都天鸢文化传播有限公司代理，经晨星出版社授权大陆独家出版发行，非经书面同意，不得以任何形式，任意重制转载。本著作限于中国大陆地区发行。

北京市版权局著作权合同登记号 字：01-2020-1126

10 倍 速 影 像 阅 读 法
10BEISU YINGXIANG YUEDUFA

著　　者｜胡雅茹

出 版 人｜陈　涛
选题策划｜樊艳清
责任编辑｜樊艳清
执行编辑｜王凤屏
责任校对｜王翛冰
装帧设计｜程　慧　孙丽莉
责任印制｜訾　敬

出版发行｜北京时代华文书局 http://www.bjsdsj.com.cn
　　　　　北京市东城区安定门外大街138号皇城国际大厦A座8楼
　　　　　邮编：100011 电话：010-64267955 64267677
印　　刷｜河北京平诚乾印刷有限公司　　电话：010-60247905
　　　　　（如发现印装质量问题，请与印刷厂联系调换）
开　　本｜710mm×1000mm　1/16　　印　张｜16　　字　数｜210千字
版　　次｜2021年6月第1版　　　　　印　次｜2021年6月第1次印刷
书　　号｜ISBN 978-7-5699-4107-4
定　　价｜48.00元

目　录
CONTENTS

第**3**章
开始启动10倍速的阅读

第4章
文科书的阅读

第5章
理科类书籍的阅读

第**6**章
其他形式的阅读

作者序

一分钟看一页的超强阅读力

有次在朋友薇薇安的办公室中聊天，下属拿来一份报表对她说："这本数据比较急，麻烦你先看一下。"

薇薇安以不到10秒的时间浏览过前3页，目光停留在第3页的最下方，4秒后直说："你这个数字有问题，回去再重新算一次。"

下属点头并拿走报表后，我好奇地问薇薇安说："你从哪些地方看出数字有问题啊？"

薇薇安用有点疑惑的表情告诉我："我也不知道，就是觉得数字怪怪的，不应该是这样才对。"像薇薇安这样的能力，只要经过正确的训练与练习，其实你我都能做到！

佛罗里达州立大学心理学教授安德斯·艾瑞克森（Anders Ericsson），专门研究杰出表现者，在《刻意练习》一书中提到所谓的天赋其实是刻意练习来的："学习技能，不需要有天分""天分是基于训练而来""优等、杰出、顶尖之间的差异在于大量练习""练习的量加上练习的质，是决定个人成就高低的关键所在"。

相信你的阅读能力其实没有你自己想象的那么糟糕，你只是没自信，或一时之间脑筋卡住，或落入思考盲点，或对阅读有些偏见而困住自己。

本书写给喜欢阅读的人，整本书从第一页到最后一页的终极目标很明确，即拓宽阅读理解的广度，提升阅读速度。

影像阅读不是单纯的速读，不是读、不是读、不是读，是阅、是阅、是阅（因为很重要，所以要讲三遍）。阅是让眼睛像照相机一样，对书面文字进行拍照，以1秒钟1页的方式，将书中内容输入大脑中。现在的你，心中一定是大喊："这怎么可能！"

我是阅读能力非常一般的人。学习影像阅读前，我1分钟阅读500个字，读一页杂志大约要两分钟，阅读理解正确率为50%。这种理解正确率，就跟没看书去考试时乱猜答案一样，猜对的概率是一半。

直到3年前，一早就收到网购书籍，我利用午休时间翻阅其中一本约300页有关社会心理学的书，不到15分钟就看了3遍。在此之前，我也不敢相信自己能看得这么快。

曾有年约40岁的上班族提问："我现在5分钟都看不完一整页的书，像我这样的人，也能学会影像阅读吗？"我一贯地老实回答他："影像阅读法，是标准的有练习就有进步，没练习就会退步的学习方法，只要你比别人更勤劳，一定能做到的。"

第 **1** 章

越忙碌的人越会花时间
"加强阅读"

- 新兴阅读工具

- 忙到没时间阅读是因为"缺乏阅读能力"

- 什么样的人需要影像阅读法

- 书买了，却总是没有时间看

- 母子一起学，妈妈不一定会输

- 一次解决累积已久的阅读问题

　　这次编辑没有要求我写出"阅读的重要性""阅读的好处""阅读带给我们的改变"等这一类的章节，这表示大家都已经认同"阅读很重要"这一观点。每隔一段时间，社群网站上就会流传世界某个知名的超有钱老板，例如比尔·盖茨、巴菲特等人有多热爱阅读、花多少时间在阅读上、阅读带给他们多大的好处……但我身边不爱看书的朋友都说："动脑比动身体还累人，我宁愿花时间去运动，也不想下班后再看书了。"

　　不爱看书的朋友想获得跟这些精英人士一样的结果，却不想执行跟超有钱老板一样的过程，为什么呢？这些精英人士觉得"每天能花时间看一本书"是很享受的事情，不爱看书的朋友却觉得很痛苦，为什么呢？经过我那不严谨的生活观察，多数人觉得阅读很重要的背后理由是"每天必须看的东西太多看不完，而不是因为阅读带给他什么明显的好处"。他们处于一种"被动接收"的状态，迫切需要解除庞大阅读资料所带来的压力（避凶），而不是处于"主动接收"的开心状态（趋吉）。

　　正在阅读本书的你，不管是为了"避凶"还是"趋吉"而决定购买这本书回家研究，"影像阅读法"都可以让你轻松"避凶"。等你避开所有的"凶"，接下来自然就能轻松地"趋吉"了。

新兴阅读工具

一开始先来分享，我对这两种这些年才出现的"新兴阅读工具"的看法。

1. 电子书

印象中2016年左右，某个美国网络公司老板提出一个概念，大体意思是在移动网络的时代，网络上喂养我们的信息渠道太多，不管是喂我们的大脑吃"垃圾食物"等级的资讯，还是喂我们的大脑吃"慢条斯理的法国菜"，总之网络公司想办法要掠夺网友的注意力，因此现在是"注意力的竞争时代"。

我一直都不喜欢在移动设备上阅读大量文字，这让我的眼睛很容易又酸又干，看不到10分钟就会涌现疲劳感，还要承担蓝光直射眼睛的伤害，因此我主观性地排斥在移动装置上大量投入时间。但因工作关系、不得不开始试着使用电子书，第一次使用我就一口气看完了一本书，当时的我觉得真过瘾。以前，我必须让不打算再阅读第二次的书暂放在书柜上，让它等待被我捐给图书馆或是送人；现在我就让它静静地在移动设备中沉睡就好，不占任何实体空间。接着快过年了，这段时间除了补身上的肉之外，也得好好地来补补大脑，让大脑吸收大量的知识的养分。我在一个月内买了十多本电子书，心里觉得真是赚到了，毕竟电子书比较便宜啊！又省下了很多家里的空间，以及捐书或送人耗费的时间。[1]

但是看完第三本电子书时，我开始觉得非常不对劲：每看完一本电子书，我不再可以容易地整合整本书的内容，隔天我对那本电子书的内容已经忘了很多，记性几乎不像过去阅读纸质书籍时那样好。我立刻问了自己两个问题："这是哪个阅读环节造成的现象？""我要怎么根据这个现象来调整阅读方式呢？"如果你正巧就是在电子书上阅读本书，我要告诉你：阅读的方式与过程是非常个人化的，尽量多试几次本书中的方法，以找到你个人的解决之道。

2. 网络说书

在亲身体验电子书对阅读影响的同时，我也试着在几个当红的网络说书人频道上"听"一本书。

爱阅读也愿意分享自己收获的说书人，正如雨后春笋般冒出头来！说书用能够吸引人的方式来帮我们开启知识门缝，有助于知识传

---

[1]但是电子书相对纸质书来说，也没有办法通过捐给图书馆或是送人以创造书本的第二春，且失去了跟朋友互相赠书的交流机会。

电子书携带方便，但是读者整合全书内容的速度较缓慢。

说书人

节奏太快，一直按暂停，刚刚说过什么几乎回想不起来。

递，是一项很棒的工作。

网络说书人毕竟得先有高点击率，才有资格去获得广告利润或是品牌代言机会。自媒体时代，网络说书人必须把自己视为一个电视台来经营，等于是自己聘请自己当艺人，想办法让自己在平台上的排行靠前面一点。影片时间又不能太长，例如超过15分钟，大家可能就关掉不看了，不看完就不会分享给朋友，于是网络说书人常撷取书中会让人眼睛一亮或是吃了一惊的章节来制作影片。哪天说书人为了点击率，故意找哗众取宠或是令人大吃一惊的主题，也是不无可能。

若说书人走向付费订阅方式，就正传达出一个信息："大家不用亲自去看一本书，你只要来听我说书就好。"说书人也要生活啊，动这种脑筋是很正常的，这时说书人就会讲完整本书的内容，好让大家不用自己去看书。

朋友安妮说："看完几个网络说书红人的频道，发现说书人的节奏都好快，要一直按暂停，否则无法细细深思其说法。"

朋友约翰说："听完某个超红的网络说书后，发现自己对于说书者刚刚讲了什么内容，几乎回想不起来，没有什么记忆深刻的地方。"

以上两点我也感受到了：网络说书、有声书、纸质书、电子书，对人脑的影响效果并不一样。我是擅长用听觉来学习的人，所以常去听演讲，听完演讲后我对演讲内容的记忆量是很大的。同样在事先没有读过该本书的情况下，我发觉听完网络说书后，我对这本书的内容几乎是零印象，只有零星的关键词残存脑中。有些网络说书者的方式比较类似综艺节目，或更接近电影的宣传片，爆点十足但严重缺乏整体性；有些网络说书则比较类似新闻节目，该交代的架构都交代了，但像冬天的树，有枝丫却没叶子，无法呈现全面性。

依照多年举办读书会与说书活动的经验，我可以直接告诉你：

1.每个人都是根据自己过去的生活经历来看一本书，抓取的重点和别人相比，肯定有不同之处。
2.每个人的解读角度也跟自己过去的生活经历有关，没有好坏对错，只是个人解读而已。听人说书，得到的是二手的资料，已被说书人用他个人角度解读后的资料，千万别当成是作者原汁原味的输出。
3.读书会上大家发言时是平等的，听人说书时则是由说书人主导。
4.读书会是大家都看过这本书后再来讨论，听人说书则是不用事先看书，只要听就好。

我看完几本书后，再去听不同说书人的解读，发现"光听人说书而不看书"是很危险的，容易落入"以偏概全"的境地。以前在学校靠老师，进入社会后靠说书人，这种被动式的伪阅读方式，并无法向自己的理解力发起挑战，当然也就无法提升自己的阅读能力。

信息时代当然可以善用网络，但要思考一下如何运用网络资源，让我们能从中获取最大益处，同时也能降低网络带来的副作用。

倘若看完书后，自己又找不到同好一起讨论，就可以把说书人当成是自己的读书会伙伴，听听不同的解读，这一点倒是很不错。或是把网络说书人的影片，当成是一本书的推荐序，作为自己要不要买来阅读的参考，这也是一种让自己获益的方式。

但是千万别把网络说书当成有声书来看待。别忘了，有声书是一本书的原汁原味内容，结构严谨且完整；网络说书则比较像是书摘、文摘、懒人包或杂志书[1]。书籍或是有声书是一手数据，网络说书则是二手数据，两者的位阶并不相同，数据转手越多，可能越会失真。

	电子书	网络说书	读书会	有声书
✕	整合稍慢	伪阅读，由说书人主导		
○	携带方便		人人都可发言有自己的解读	结构完整和纸质书一样

[1] 这部分的阅读方法，请见第四章第188页。

忙到没时间阅读是因为"缺乏阅读能力"

　　依芳睡眼惺忪地说："累死了，超过30岁，只要过了12点才睡，第二天就会觉得一整天都很累。"我说："年纪大了就要服老啊！"依芳说："我也想睡美容觉啊，只是一想到明天早上要开会，觉得还是把东西全部整理一遍比较好，免得被经理问到刚好没整理的部分，又要被他嫌弃一顿。你不知道，这次的数据很多，而且很多数据内容又很复杂，一份数据我要看很多遍才能弄清楚，还要跟很多其他数据一起比较，才能清楚整个内容。我觉得我看东西真的是太慢了，如果看书的速度能变快的话就好了。以前念书的时候，觉得看书慢不是什么大问题，现在工作后觉得看书速度慢，可真的是个大问题。"

　　看着眼前哈欠连连的依芳，我不禁回想起还没有学习影像阅读法之前的我，其实跟依芳的痛苦是一样的。

　　99.999%的人都认为：因为"书读不完"，所以要"加快阅读速度"。

　　表面上看起来是这样没错，但仔细探究"书读不完"这个想法，就会发现以上的句子是错误的。"书读不完"的人，可能是看完书后：

> 1.无法回想起整本书的内容。
>
> 2.看到后面的章节，已经忘了前面章节的内容。
>
> 3.只能片段地回想起少量内容，无法说出更多的内容。

　　阅读能力分为理解力与记忆力两部分，以上的问题都不是阅读速度太慢造成的，而是记忆力不好导致无法独自回想书中的内容。所以前面的句子应该改成：因为"书读不完"，所以要"加强记忆能力"才对。

　　如果你看到这里就急着把此书合上，改去找有关提升记忆力的书，那么，我保证你一定永远学不好阅读这件事。想解决问题，首先要有耐性！要有耐性去分析问题的核心，才能对症下药。

　　多数情况下，我们选择的解决方式是"看过一遍"之后因为"想不起来"，所以只好"再看一遍"。这种思路就跟小孩子学走路一

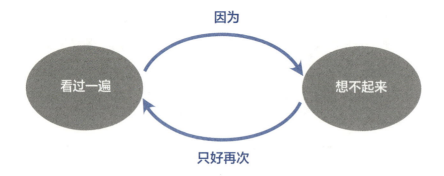

样，小孩走不好，就让他再走一次，最后总能走得好的。其实这种思路没有错，但忽略了走路算是机械式运作，同样的道路用同样的方法练习，只要重复一样的动作，一定会得到想要的结果。

　　但是阅读的素材，每次都不一样，就像你每天都开着不一样的车，今天是家庭房车，明天可能是休旅车，后天可能是大客车，大后天可能是超跑。不同的车型，开车方式会不同；不同的素材，就应该用不同的阅读方法。但是没学过影像阅读者，通常就是一招走遍天下——重复阅读好几次，这样一来会大量增加阅读的时间，就更加觉得自己没时间去阅读。

📖 什么样的人需要影像阅读法

—————

你如果是想："我只是读某几类的书比较不行，其他的书都还可以。"或者，你是想："其实我的阅读能力还不错啦，只是现在的工作邮件每天就一两百封了，LINE（一种社交软件）上有十几个工作组，有时还要关心一下亲朋好友的Instagram（一种社交软件）之类，要看的东西真的太多了啦！"

E-mail看不完、LINE看不完、社群网站看不完的人，就需要学习影像阅读法。

这里我用另一张图来解释输入与输出的关系。假设我们在刚刚买来的计算机上打字输入完毕，按下保存键后关掉档案，过一阵子再度打开档案却发现一片空白，或是只保留了只言片语。于是，你决定重新再打字输入一次。

但是一连三次，你的计算机都出现了相同的现象，请问，你还会想再一次打字输入吗？肯定不想！

于是你决定请计算机工程师来维修一下计算机，但工程师给的响应是"计算机完全正常"。没想到你再度使用这台计算机后，还是遇

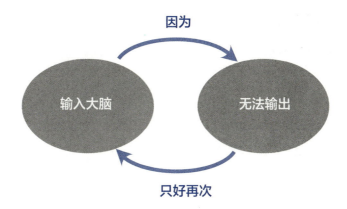

到了相同的问题。请问，这时你会怀疑是计算机有问题，还是自己的使用方式有问题？

　　请将上面的句子中的"计算机"全部换成"大脑"。属于成长心态或是内控心态的人会想："我的大脑能力没有问题，肯定是我的方法有问题。"

　　属于定型心态或是外控心态的人会想："我的大脑能力怪怪的，我是不是天生就不如人？"

　　爱因斯坦说："每天做一样的事情，却期待不一样的结果，那你一定是疯了。"生活环境改变了，阅读素材改变了，阅读方式就应该随之改变。

　　我的教学经验告诉我，成长心态或是内控心态的人，思考方式较有弹性，学习任何事物的速度都最快，当然也能较快速调整自己的阅读方式，更快学会影像阅读法。

📖 书买了却总是没有时间看

硕士刚毕业的依兰，在一家分公司开在台湾地区的外资企业上班，她处理工作上的事务还算是游刃有余。下班后喜欢去逛逛书店，涉猎广泛的她总喜欢在书店中翻翻看看有什么不同话题的新书，只要初步浏览起来觉得是有趣的，就会买回家。

依兰这一两年来，内心总有个困扰，就是每次面对房间书柜上满满的书，心中总会想："只有不到三分之一的书是看完的，还有三分之二的书我都还没看啊！"这就像是鞋子里的沙子一样，虽然没什么大碍，却总是隐隐刺痛着她。

在影像阅读训练结束后的两个月，某天依兰很兴奋地对我说："我昨天看书两个小时就赚到500元（台币）哦！"

我实在想不通，于是满脸疑惑地问："怎么赚？"

依兰用狡猾的眼神看着我说："我跟同事去逛书店，同事对我翻书的样子感到好奇，也很怀疑我真的有在看书吗？为什么翻书翻那么快？于是我们打赌，如果我真的在一个小时内看完那本书，她就要买下那本书送我。第一次我成功了，她不相信，我们又赌了第二次，她又输了，于是她买下了两本书送我。所以我在两个小时内赚到两本书，500元！"

闽南语俗话说："生意仔，难生。"在使用专长去赚钱这一点上，依兰举一反三的能力实在是太厉害了。

老是读不完一本书的人，可能在两小时内看完两本书吗？

爱因斯坦：每天做一样的事情，却期待不一样的结果，那你一定是疯了。

唯有改变，才能成长。唯有学习，才能改变命运。

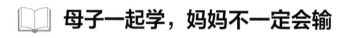 **母子一起学，妈妈不一定会输**

柔妈跟刚上大二的儿子一起来上影像阅读课，一见面就跟我说："我带儿子来上课，是要以身作则地让他知道，我这个家庭主妇都这把年纪了，还在不断地学习、吸收知识，你这么年轻怎么有资格可以说不学习？年轻人不学习的话，要怎么跟我们这种老年人竞争啊？"

可能是以身作则发挥作用了吧？柔妈的儿子上课很认真。

但根据我的教学经验，大多数的情况下学历越高的人，学习影像阅读法的速度越慢。假设学历较高的人的进步速度是10，学历较低的人的进步速度就会是15或是20。果不其然，在上课中，柔妈的进步速度一直比儿子快很多。

一个月后，再度见面时，柔妈很开心地对我说："我跟你讲，我现在不到30分钟就能看完一本书，我真的是太开心了！没想到我这种年龄来学影像阅读，还真的能学会啊！有时候一本书我儿子还没看完，我就已经看完了。儿子还很不高兴地问我：'你怎么知道你真的有读到重点？'你看看这小孩就是这样子，自己输了没面子，就怀疑起父母了。我跟他说：'等你达到我这个水平时，就会知道重点只有这些而已，哈哈哈！'"

　　看着柔妈得意的样子，我大概能想象得到她儿子的臭脸。不过这种互相吐槽的说话方式大概就是他们家一贯的互动方式吧，我这时候只要陪着笑就好了。

一次解决累积已久的阅读问题

爱蜜出生在美国，在中国台湾生活，小学毕业后又回到美国念书直到大学毕业。

念心理系时写报告必须阅读大量书籍，因为看书太慢而必须时常熬夜，为了把书看完，她偷偷尝试了具提神效果的药品。服用药品后精神大振，专注力大幅提升，她进入一种可以把整个头脑投入书中的状态，经过一夜的百分之百投入，她顺利完成了期末报告，开心得不得了。写完报告后，开始进入药品效果退去后的副作用阶段，这时她决定再也不碰药品了，为了写报告而服药，付出的代价实在太大了。

大学毕业五年后，爱蜜准备回台湾度假，并打算趁此机会解决自己阅读太慢的问题。她一向很喜欢看书，也常常上网购书，企业管理、历史研究、心理学、财经投资等等，每次购书一买就是十几本。但爱蜜总是断断续续地读一本书，从第一页到最后一页，往往必须花两个月的时间才能读完。每一次看见书柜，她就告诉自己："我一定要提高阅读速度才行。"

在台湾接受了12小时的影像阅读法训练后，爱蜜的阅读速度从每分钟452个中文字进步到每分钟1263个中文字，她简直不敢相信自己的成绩，也不敢相信自己真的这么快就能做到阅读速度提高约2.79倍。在阅读速度提高的状态下，理解正确率也从55%进步到85%，这一点让爱蜜当场大喊一声："Wow（哇）！"

　　我看着爱蜜，心里很为她开心，但心情却很平静，毕竟像爱蜜这样有了巨大转变的案例，我已经见过太多。常有带着怀疑的神色来上课的学员，听完讲解后会带着更加怀疑的神色跟着大家一起练习，然后抱着一种好像上了贼船的心情继续练习，最后用一种"我到底有没有进步"的疑惑心情接受了学后测验，当成绩公布时，脸上立刻出现"我居然能做到"的表情。

　　回到美国一年后，爱蜜突然来信："我很开心回台湾学了影像阅读法，我现在每个月至少会看10本书，我真的很开心能有这样的速度，谢谢。"

第 2 章

不是幻术，也不是魔术的 影像阅读法

影像阅读法的起源

世界各国都有专家研究如何速读，所以"速读法"并无世界统一的标准方式，这跟国家自身的文化与教育方式有关，各有所长。

英国人东尼·博赞（Tony Buzan）在1970年发表了"全脑式速读"（Speed Reading）。我在学习"全脑式速读"后，就发现这其中的"速读"两字中文翻译并不好，毕竟我们要做到的是"全脑式阅览"，而不是要念出声音（两者的差别详见本章第28页分析）。阅览跟读书，在中文中的意义不同。览，是用眼睛看。读，是用嘴巴念。

当时我上完课后，还是觉得自己应该多涉猎一些有关"全脑式阅览"（或称"快速阅览"）的相关知识，才又接触到了"10倍速影像阅读法"。

美国人保罗·席利（Paul Scheele）在研究"神经语言程序学""加速学习法""速读法"以及"如何在短时间内有效率地学习"之后，在1985年正式发表了"10倍速影像阅读法"（The Photoreading Whole Mind System）。

英国人东尼·博赞与美国人保罗·席利，两人的做法大同小异，都是要将左脑发出的声音（可称为"内心小剧场"或是"内在声音"）关闭，将文字视为图像，以右脑的图像力来接收眼前书中的所有信息。

　　一般的速读法，你需要一台名称为"目力机"的练习机器或程序软件、App来进行，而"全脑式速读"与"10倍速影像阅读法"都完全不需要依赖任何外力，只要有一本书在手，随时都能动眼练习。

看书、看手机、看平板都好用

因为在国外，例如欧、美、日这几个地区，影像阅读课程要小学毕业后才适合参加，会这么规定的原因跟人类的语言逻辑、认知发展等脑力发育有关，于是我在台湾地区仅教授18岁以上的大学生或社会人士学习影像阅读法。

曾有学员问我："你给我们练习的文章都是中文，这些方法也适用英文文章吗？"当然可以啊！因为这些方法都是自英美国家引进的阅读技巧。又曾有学员问我："你教我的方法，都是用书本做练习，我也可以用计算机、手机、平板电脑做练习吗？"

"当然可以啊！书籍、计算机、手机、平板电脑只是呈现文字的不同接口工具，共通点是你都要将文字输入自己的脑中。差异点在于计算机、手机、平板电脑的排版方式不像书籍的版面可以多样丰富，所以影像阅读方式也较为单一。

中外名人都在用影像阅读法

提升阅读速度的训练，从17世纪开始就有了，世界各国都有人在进行这方面的研究，大家也陆续建立起自己的一套训练方法。但是不管初阶和中阶的速读训练方法为何，到达高阶的速读训练时，就必须达到影像阅读的能力。

在由真人故事翻拍的电影《雨人》中，主角每分钟最多可阅读两万字。他的左眼读左页，右眼读右页，但这是非常罕见的情况。

总统是一个特别需要速读能力的职业，因为总统要处理的文件相当多，需要能快速消化信息与做出良好判断的能力。美国历代总统有多人都使用影像阅读法：

乔治·华盛顿 ➡	书本只会读一次，不需要重复阅读。
托马斯·杰弗逊 ➡	不管是休闲娱乐或是吸收知识，都是有目的地阅读，并使用时钟来控制自己的阅读速度。
老罗斯福 ➡	每天早上会阅读一本书，有时一天会阅读3本书。
小罗斯福 ➡	一次阅读3行文字。他会快速浏览一个页面，然后翻页并思考书中内容。
约翰·肯尼迪 ➡	一分钟阅读300字，学习影像阅读法后提升到一分钟1000字以上，这样当然能够一目了然地阅读和吸收大量词汇，同时推荐员工学习并应用影像阅读法。
吉米·卡特 ➡	曾在白宫内举办影像阅读法课程。[1]

[1]是由美国伊芙琳·伍德所建立的速度阅读课程（Speed Reading Dynamics），她一直在大学授课，约翰·肯尼迪与吉米·卡特两位总统，都曾修过她的影像阅读课程。

日本人井上裕之，是年收入1亿日元的牙医博士、经营学博士、心理治疗师、经营顾问及岛根大学医学部临床教授，身兼多职，能做到这些都是因为他学习了影像阅读法。[1]

台湾艺人林青霞，年轻时因拍片忙碌，需要快速阅读完报纸的信息，所以她也学习了速读。

我知道你看了这些例子之后，还是很怀疑影像阅读法真的对你有用吗？因为你对自己的阅读能力毫无信心。

美国新英格兰大学（University of New England）的詹妮弗·索恩（Jennifer Thorne），曾经研究影像阅读法对阅读流畅性的影响，得到的结论是：训练前，学生对阅读是没有自信的；训练后，学生的阅读流畅性与阅读自信心则都会提升。

[1] 井上裕之在《99%的人拼得死去活来，为什么1%的人可以年薪1亿躺着赚》（今周刊出版，2016）中，鼓励大家一定要学习影像阅读法，让自己学习起来可以比别人快三四倍。

别被这些想法拖累阅读速度

1. 一个词语接着一个词语读

虽然我们口头上常说："一个字、一个字念下去。"但实际上一般人阅读这一句话"阅读中如果见树不见林，就容易失去焦点，掌握不住精髓"时其实心中是这样以一个词语、一个词语的方式缓慢地默念的：

"阅读中、如果、见树不见林、就容易、失去焦点、掌握不住、精髓。"

因为是在心中默念，有时自己也没发现由于自己断句断得不恰当，而导致整个句子变得难以理解。哲学家阿兰针对"阅读"这件事情曾经指明："我们是要学习思考，不需要把词语一个个分开，一个音节没有意义，甚至一个词语也没有意义。"

影像阅读高手会着重在理解词语"组合后"所表达的意思。理解一句话或是一段话的含义才是最重要的，因为任何一个词语必须在有上下文时出现，才能建构出文句完整的意义，所以不要执着在一两个看不懂的词语，应该继续看下去。这就是为什么学会影像阅读法后，阅读速度越快，通常阅读理解力也会越好的原因。

2. 看书非得从头读到尾

普通情况下，我们都很害怕整本书没有全部看完，要求自己非得从第一章读到最后一章，或从第一个字读到最后一个字。好像没看完就代表自己半途而废、没看完就等于一定会遗漏掉书中某些重点、没看完就表示自己有一件事情没有完成。我还听过很特殊的理由，认为没看完就表示自己买书的钱还没有收回来。

正是这些信念与评价，让我们觉得没把书看完，真是糟糕的一件事情。亲爱的读者，实情不是这样的！

如果非得全部阅读完毕的话，有时会产生反效果哦！强迫自己把不重要或是不感兴趣的信息，一股脑儿地通通塞进脑中，等于花费时间去把自己弄得疲累不堪。

影像阅读高手懂得去芜存菁，是指在"阅读时"就去芜存菁，而不是在"阅读后"才去芜存菁。影像阅读高手不会把宝贵的时间花在阅读不符合自己阅读目的的章节或段落上。至于如何建立"阅读时就去芜存菁"的能力，请见本书后面的章节，并好好地练习。

3. 别人读得津津有味，我却没有任何想法

别人在这本书中读出了滋味，自己却什么都读不到，也没有产生想法的时候，到底该怎么办呢？其实一样米养百样人，每个人都有优

点跟缺点，每个人的兴趣都不相同。阅读这件事是很个人化的，你不需要跟别人比较。

初中女生A告诉我：“某某的作文虽然拿了高分，但都是在写废话，明明简单几个字就写完的句子，偏偏要写成长长的句子。”[1]

初中女生B告诉我：“我觉得某某的作文，情境描述仔细，让我能沉浸在他描述的优美的情境中。”

A与B，两人的看法都对。A不需要得到B的认同，B也不需要得到A的认同。

正是因为人有百款，我们也才有机会读到百款的观点，进而延伸与扩展出更宽广的视野。

4. 我的阅读能力大概没救了

有些人会觉得自己一直都不会阅读，也不怎么阅读，阅读能力大概是早就没有救了。其实没有人是天生的阅读高手或阅读低手！想想看，一个刚学走路的幼儿，会因为一步都走不稳而连续跌倒个几次，就自觉自己这一辈子只能在地上爬吗？这个幼儿的爸妈，会因为孩子连续几次都步伐不稳，而直接认定孩子未来一定会走不好路吗？

想想看，我们是不是在进入学校之后，因为有了考试，才开始逐渐产生这种信念：“自己连续几次都做不好的事情，以后要做好是很

---

[1] 开个小玩笑，这个初中女生自己也是在讲废话啊，其实她可以这样简单地说：“某某的作文虽然拿高分，却是短话长说。”

难的。"或"现在都做不好的事情，以后在这个点上可能永远都会不如人。"

其实大脑天天都在生成新的脑细胞，并非出生后就不再新生。[1]这意味着不管从几岁开始学习，只要不断地学习、学习、再学习，大脑都会不断地进步。

5. 学成之后没继续用会退步吗

"老师，我学会影像阅读法之后，会不会因为一阵子没有使用就退步，最后阅读能力又恢复原状？"

这个问题的假设前提是"一阵子没有使用"，所以要先反问你自己："为什么要一阵子不去使用呢？"

影像阅读法是让我们从大量信息中解脱的秘诀，完全抛弃不良的阅读习惯后，也应该把锻炼自己的这个态度运用到生活各项层面上。总是会有必须独自一人在吸收知识的时候，因此必须妥善地分配自己的专注力，精益求精。既然每天都要看很多信息，那就每天都留意一下自己的阅读方法是否正确。

早在十几年前，我已经不再每天特别拨出一段时间来练习影像阅读法，但是我会在必须短时间吸收大量信息时，直接运用影像阅读法。以我现在的状态来说，阅读电子书或纸质书时，仍可保有一分钟读60页的能力。

---

[1] 过去常见的错误说法是脑细胞在出生后数量只会越来越少，暗示着脑细胞只会死亡、不会新生。

一分钟看不完 60 页怎么办

心笛问："我已经开始练习影像阅读了，但还是没办法一分钟看完60页，该怎么办？"

我说："不怎么办，就继续练。"

我的主要授课对象是成年人，这个疑问是超级多的学员普遍都有的疑问，而这些人往往忘了"术业有专攻"。生理年龄已经超过18岁，阅读能力也通过大学课业的考验，但在影像阅读的领域，根本是才刚踏进幼小班而已；现在才刚进入幼小班，怎么可以用大学程度的标准来要求自己呢？

换个例子来说，一位30岁的生物学博士刚刚踏入法律系的教室，他在法律领域的学习表现，并不一定会比刚考上大学的18岁高中毕业生更好。

经过观察，会有这种反应的人，通常分属以下两种类型的心态：

1. 定型心态者

觉得我在A领域表现不好，B领域应该也会表现不好；在A领域表现好，B领域应该也会表现好。学历越高的人，有这种想法的人的比例就越高。

2. 急于求成者

在生活或是工作中遇到很大的阅读困难，因为已经火烧屁股了，所以必须快速解决阅读问题的人。例如，一两个月后就要参加大型考试，或是工作已经很忙碌了，主管又丢下一大堆数据，或是必须去搜寻大量数据来汇整，所以才会想来参加影像阅读课程。

确实有人能在一两个月内就获得影像阅读的能力，但我只能告诉那些火烧屁股、抱持着临时抱佛脚学习心态的人，通常你是得不到你想要的速效效果的。我不是要故意泼冷水，但是进步迅速与否，得看你每天投入的练习时间长短，还有练习方法正确与否。

如果你不敢保证自己能在火烧屁股时做到密集且大量地投入练习时间，那么是不是应该好好地下定决心、提早开始学呢？

什么样的人适合学习影像阅读法

1. 年纪大的人学不会吗

曾在社交场合中遇到过一两次对方一听到我会教授影像阅读法就立刻说"速读不是小学生学的吗？长大后就学不会了吧"的问题。

咦？眼前的人是听信了哪些三教九流的说法，才会下这样的判断呢？通常会下这种判断的人还处于道听途说的阶段，连认识影像阅读的门都没打开过。我也不会就这个疑问继续深谈，只会简单回答："不会哦！我自己就是长大后才学的，也专门在教大人速读。"

另外有一个朋友露露转述的例子。她的朋友A送小孩去速读补习班上课，A很好奇地问老师："老师，你自己的阅读速度有多快呢？"该老师回答说："这种能力要小孩子才能训练出来，长大后就没有办法训练了，所以我只能教孩子怎么做到速读。"于是露露问我："但我看你看书速度很快，所以真的有这种限制吗？长大后就学不会了？"面对熟识的朋友，我就会开门见山地回答："当然没有这种限制啊！那位老师自己做不到速读，才拿这种说法来搪塞吧？在国外，有很多专门教授成年人速读的补习班呢。"其实先前提到的保罗·席利，以及卡特总统的速读老师伊芙琳·伍德，也都是在大学毕业后才学习这些提升阅读速度的技巧的。

2. 年纪越小学得越快吗

过去曾多次遇到家长问我："影像阅读法是否越年轻学得效果越好呢？小孩子的抓取图像能力好、学习效率也高，是不是刚上小学就应该开始学影像阅读？"其实当下我都会为这些家长感到很心疼：究竟是什么样的环境压力，让你们想把汉字认识没几个的小孩送来学影像阅读？

通常我会回答："我们是教导学生如何快速阅读文字的课程，如果孩子汉字认识得不多，还需要依赖注音的话，现在来上课对孩子是没有帮助的。"

语言逻辑通常在小学四年级以后才会发展到一定程度，同时孩子也认识了够多的文字，有能力阅读500字以上的文章，所以这时他们才具备学习影像阅读的基本条件。在国外，孩子上了初中以后才会开始学习影像阅读，因为这样才不会干扰，甚至妨碍了孩子的语言逻辑发展过程。

阅读是学习任何知识的根基，影像阅读可以让你的阅读能力在原有的基础上进行提升，但是年纪太小的孩子，本身的阅读根基还不够稳固。平均来看，12岁以下的孩子学习速读法，就像是在沙地上盖楼房，是外表看似坚固的豆腐渣工程，他们仅能接受浅薄、轻量化的知识；除非他自己有意愿继续钻研阅读理解这件事，否则长大后如果遇到艰深又错综复杂的知识，大概就得举手投降了。

只要遇到曾在12岁前学过速读，但是成年后对自己的阅读能力还是不满意的学生（不管这些人自认为阅读情况好还是坏，因为个人感觉容易失真，所以我希望能用更加客观的方式了解他们的阅读能力），依照惯例我都会对他们进行课程前的测验，而他们的阅读能力成绩，通常也跟从来没学过速读的人相差不远。

从这群人身上，我观察到的结果是：

> 1.语言逻辑跟心理认知有关，并不存在赢在了起跑线上。
>
> 2.就算赢在起跑线，如果缺乏持续的运用和练习，还是有可能会输在终点。

3. 很少看书的人，也能学得会吗

俗话："天下无难事，只怕有心人。"

我说："天下有难事，因是懒惰人。"

我常对学员说："不要叫我老师，请叫我教练，因为这些方法不是听懂就好，还需要大量练习，才能达到让你自己心满意足的程度。"影像阅读，有练习就有效果。一段时间没有练习，你会退步，但是放心，不会退回到学习之前的状态。

我将影像阅读的学习过程分成以下四个阶段：

> **第一阶段：** 阅读速度提升，但是理解能力提升很少，甚至没什么提升。因为是要求阅读速度提升的阶段，所以理解准确

> 率只要维持在60%即可。
>
> **第二阶段：**阅读速度继续提升，理解准确率维持在80%。
>
> **第三阶段：**阅读速度继续提升，可以开始拿平时很少涉猎或不曾涉猎的领域的书来进行速读练习，让自己的理解准确率稳定维持在60%即可。
>
> **第四阶段：**阅读速度继续提升，在看很少涉猎或不曾涉猎的领域的书时，理解准确率可以稳定维持在80%以上。

处于第一阶段跟第二阶段时，很需要天天练习，好将影像阅读的技巧内化成终生不变的习惯，这段时间的你绝不能偷懒、绝不能给自己找借口、绝不能采取三天打鱼，两天晒网似的练习节奏。

每天持续做一点点练习，比一次做很大量却有一搭没一搭的练习效果更好。

4. 讨厌看书的人，学了会爱上阅读吗

多数人"认为"阅读很重要，却无法将阅读很重要的"原因"讲述完整，这完全是因为"阅读给每个人带来的收获"是因人而异的。

对讨厌看书的人来说，他在过去的阅读经验中并没有获得成就感，甚至只累积出挫折感。逃避痛苦是人的本性，于是认为只要直接告诉别人"我讨厌看书"，就能让自己不必再去面对阅读所带来的挫折感了。

影像阅读除了"提升阅读速度"之外，还有很大一部分的作用体现在"提升阅读理解力"上。上述提到的这种人，其实很适合学习影

像阅读，因为他只是不懂得提升阅读速度的方法。学习如何提升阅读理解力，可以快速帮他们建立成就感。

5. 眼睛有状况的人，也能学得会吗

有近视、老花、远视、散光等状况的人学习影像阅读，就跟扁平足的人接受马拉松跑步训练一样，学得会，但学习过程会比一般人稍微再辛苦一点，而且需要戴上矫正视力的眼镜来进行影像阅读练习。至于一只眼睛看不见的人，练习时则须改变一下书籍的摆放位置。只要不是罹患白内障、青光眼或严重黄斑病变等眼睛疾病，只要你够努力，都能学得会影像阅读。

6. 不知看书有何意义的人，会发现看书的好处吗

阅读是一个范围较大的统称，读书、念书、看书，都只是其中的一种方式。有时我们看的并不是书，而是影片字幕、广告标语、宣传文案、便条纸、公文邮件、说明书等等。

对于不知道看书对人生有何帮助或意义的人，或许你真的不太需要看书，但是正如前段所举的例子，凡是生活中有文字存在的地方，其实都是阅读。

对网络信息流有所涉猎者，对于"碎片化信息"的字眼应该不陌生。正因为网络信息的传递方式将我们的时间变成了"碎片化时间"，导致网络信息的提供方式也将信息变成了"碎片化信息"；"碎片化信息"进入大脑后，让我们的知识回忆也变成了"碎片化记

忆"，这大大减少了大脑进行系统性思考的机会。

影像阅读对重建大脑的系统性思考能力有所帮助，持续使用影像阅读的人，都能切实感受到有些自己过去做不到的地方，正慢慢地可以做到了，觉得大脑真的被开发了！

7. 学影像阅读跟跑马拉松一样辛苦吗

有时会有学生问："听说练习影像阅读的过程就跟跑马拉松一样，是一条很辛苦的漫漫长路，你觉得我能学得会吗？"

因为听到其他人说学习影像阅读很不错，或者看到别人学会影像阅读而羡慕，心中暗自决定也要来学学看的人，是属于学习动机不坚定者。他们不管学习什么事物，只要成绩能够低空飞过就觉得心满意足；若是被要求成绩必须达到60分以上时，就立刻觉得太辛苦而很快放弃，不再练习了。

在这种"有，也好；没有，也无所谓"的心态下，自我要求低、学不会是正常的结果。影像阅读比一般的速读法更加强大，却也需要更多自我挑战的心！只要你愿意抛弃任何自我否定、自我限制的心态，持续一步步地操作，等时间一到，你就会自然达到学习影像阅读带来的良好效果。

8. 要看好几遍才懂的人，也能学得会吗

在阅读时会想不断回头重读一次的人，可能是处于以下两种情况：

（1）专注力不足

脑中处于无意识的放空状态，手一直翻书，眼睛一直在纸面上滑动，但因为心不在焉，什么都没有看进去，所以只好再重读一次。

（2）遇到超乎自己知识领域的文字

因为一个字词不太懂而不断地反复思索，这是正常的现象，表示自己的大脑正在扩张知识领域，应该是件值得高兴的事情。

情况（1）完全是阅读的不良习惯，这种人更应该学习影像阅读法。情况（2）虽不完全是不良习惯，但是影像阅读法可以帮助他们缩短突破自我盲点的时间。

9. 好几个月看不完一本书的人，学了会改善吗

有一种人书看完一部分、搁置一两周后内容就已经忘光光，只好从头开始阅读，一本书看好几个月还看不完，学习影像阅读能改善这个问题吗？

这种情况是结果不是原因，真正的原因其实是阅读速度太慢。阅读速度越慢的人，就会越难读懂书的内容，甚至无法读完一整本书。只要提高阅读速度，第一次阅读就能把整本书看完，根本不需要分成好几天来阅读，所以影像阅读绝对是超适合这种人的阅读秘诀！

第 **3** 章

开始启动 10 倍速的阅读

看新闻报道文章或杂志时事分析时很轻松，表示我们的理解力跟记者的表达力相符合。我们从中知道了更多、记住了更多，却无法从这次的阅读过程中训练到理解力。

看一本觉得有点困难的书，表示作者表达的内容比我们理解力高一点。克服这本书之后，我们的理解力就会进步到跟作者一样高了。

影像阅读的过程是一种整合的过程，就像是玩积木游戏一样，如果只有正方形的积木，能组合出的造型有限；如果我们只会一两招的阅读方式，我们能理解的文章素材类型也有限。

如果我们手上有正方形、长方形、圆形、三角形等形状的积木，同一种形状还有不同尺寸的话，那么组合出一个变形金刚的可行性，就大大增加了。

本章就是要告诉你——要达到变形金刚等级的阅读能力，必须具备哪些要素。

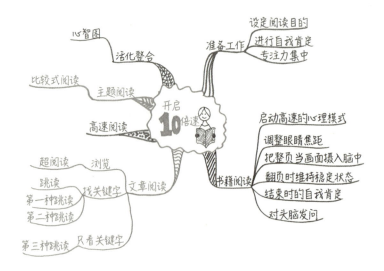

一、准备

设定阅读目的、进行自我肯定、专注力集中，这三项是提升阅读理解力的必要元素，就像牛腩、咖喱、洋葱，缺少一项，就少了一味，就不是好吃的咖喱牛腩了。阅读其实就像做菜一样，不能死守别人的食谱食古不化。你当然可以额外再加入一些项目，让你的阅读过程创造出不同的风味。

 设定阅读目的

很多人拿起一本书却从不思考：阅读这本书是为了什么？

练习射箭时，没有靶标在眼前，就很难知道自己的射箭技术是好还是不好。

阅读目的，就是靶标。阅读前必定要下定决心，设定阅读目的。

靶标的10分区要设定多大的面积才合理？9分区的面积又要设成多大呢？你的射箭技术非常好，但如果没有一个合理的靶标在眼前，又该怎么评估射箭技术到底有多好？

"决定自己的阅读目的"是阅读前的必要步骤，而这句话中有三个关键词："决定""自己的""阅读目的"，以下分别说明这三个关键词。

1. 决定

别轻视"做决定"这件事情，有些人就是无法做决定。有时我会遇到学员拿着文章或是书来问我："咦，我看不出来这篇文章有什么重点呢！""我不知道重点在哪里？""我不知道这篇文章要怎么去抓重点。"面对这种场景，我一律先回问："你为什么会想看这篇文章呢？"如果他的答案是因为某某人推荐，所以要看这篇文章，我就能确定，他是因为缺乏阅读目的，所以才无法进行抓重点的工作。

日本百万畅销书推手、日本第一书评家土井英司，建议大家阅读商业书籍时要做到："读书，是从数千行字里，画出专属于自己，能够拓展未来、翻转人生的一条线。"只画出"一条线"，就表示只要选出最重要、最重要、最重要的点出来，这样就够了。

土井英司的这段话等于是告诉我们——阅读，只要瞄准10分区就好，因此必须努力找出10分区。这个说法很符合80／20法则的概念——阅读关键点仅占整体的少数，只要找出"阅读关键的少数"就能掌握"整体的多数结果"。

正因为影像阅读者能够敏锐地找出一本书里的"关键少数"来阅读，因而能够自动理解"整本书的多数结果"，因而阅读速度是一般人的10倍以上。

如果读到这里，你还是不相信一本书的重点其实只占很小的比例，那么请看看16世纪英国哲学家培根的说法："只有极少数的书需要细细咀嚼，再加以消化。……只有极少部分的书值得认真熟读。"就连告诉我们"知识就是力量"的哲学家培根都这么说了，你还要继续用小学教的阅读方法，来应对成年人的社会吗？

2. 自己的

义务教育，一定会有考试。若义务教育中没有考试，不爱念书的学生就不会念书，学生不念书，老师就没有施力点；爱念书的学生就不知道自己学习的程度好坏，老师就没有调整教学方法的警觉性。

But（人生总是会有but的存在），考题若是选择题，意味着一定有一个标准答案，这暗示我们凡事都有标准答案。即使是多选题，也是向我们的潜意识暗示人生中的解答，选择性跟可能性很少，如果跟老师的答案不一样，肯定是我们错了。

经历过的大大小小各种考试有几百次，我们就被暗示了几百次，于是塑形了成年人的阅读框架。更惨的是，成年人会把这个阅读框架继续套在小孩子身上，于是阅读方式就这么一代一代传下去。这个阅读框架就是：

1.一定有大家都认同的重点（标准答案）。
2.我的答案跟别人不一样，所以其中一定有一个答案是错的。

请各位想想以下两句："他的眼睛是绿的"跟"他的瞳孔是一片广阔的绿"有何不同？

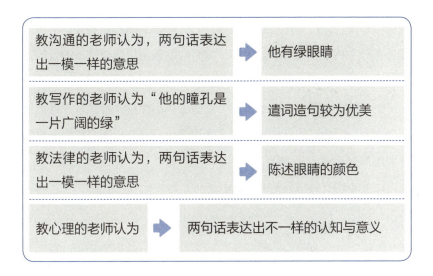

看吧，看同样的文字，每个人都会投入自己的背景知识，做出不同的解读。那么，在阅读一本书时，你还要追求"别人眼中"的标准答案吗？

3. 阅读目的

别把"阅读目的"想得太严肃，影像阅读法就只是对眼前的书提出一个问题："这本书现在会给我带来什么收获呢？"

也就是说，阅读者应该主动去搜寻跟目前的需求有直接相关之处的阅读材料，不相关的就不应该浪费时间去阅读。

影像阅读高手知道，在哪些地方不应该浪费"现在的时间"，那他会自动跳过这些对"现在"的他来说并不重要的地方。

必须注意的是，阅读目的必须是自己本身有可能达成的。"我希望能全部记住阅读时所得到的资料。"这种想法绝对是错误的。背诵或者百分之百地记住作品的内容，本来就不是阅读所要达成的目的，这种错误目标只会让你产生更大的挫折感。

正确的方式是："我会在阅读时正确地吸收书中内容，并且把这些内容立刻运用在生活中。"阅读是为了让自己阅读能力更好，这就是你能自行达成的阅读目的。

一般来说，阅读目的有五种：

（1）整理资料

有次我参加某个课程，课程中有个"老是画错重点"的学员，时常举手发言表达他那断章取义后的个人意见，老师必须不断地为他再重复解说一次。也因为他一直画错重点、一直跟老师争论，老师的头上都快要急得冒烟了。

我认为这个学员的主观意见太强、缺乏"空瓶心态"，带着自己的阅读框架去解读老师的话语，对他来说，当然什么新收获（老师讲述的重点）都没有。如果我对某领域不是很专、精，就会先放掉自己的任何意见，先让脑中的（内心的）声音闭嘴。

整理数据的阅读，就是在脑海中进行摘要，只浓缩原本作者的意思，先不要加入自己的解读，要像复印机一般，尽量忠实地呈现作者的原意。这时要特别注意的是，一定要搭配前后文，从作者文章的宏观角度进行阅读，不要断章取义！

　　如果是属于故事性的题材，例如新闻、时事杂志、历史、励志故事、各类小说，肯定要从人、事、时、地、物、因、果、成本、价值的角度，来掌握作者所表述的流程、转化点，特别要注意作者起心动念的原因跟最后的结果之间的逻辑性。

　　如果手上的素材，不是我自己挑选的，而是主管指派的，或者是朋友极力推荐的，表示主管或朋友们觉得这其中有我必须知道的事情，我的阅读目的就是"整理数据"。

　　最后补充一句话：为了整理数据而阅读、为了考试而阅读时，我们必须写笔记才能活化所吸收的内容。

（2）探索研究

　　既然我要花时间去阅读，当然要找真正的专家啰！如果我要对某领域进行深度探索，我肯定会先到网络书店输入该关键词，先找出所有相关的书籍，一本本仔细阅读作者简介，试图找出真正的专家写的书来阅读。先筛选初步的书目清单，再仔细阅读每本书的大纲，将焦点放在每本书的"大同""小异"之处。

　　大同之处，就是该领域的基本知识。

　　小异之处，就是该领域的各门派的独门见解。

　　大同、小异，一样重要。

　　"大同"是第一步非抓取出来不可的，跟前述"整理数据"的阅读目的一样，都要摒弃个人意见（因为我是该领域的菜鸟，当然要先听听老鸟们的想法），忠实呈现作者的想法。

　　"小异"是第二步非掌握不可的。虽然《名侦探柯南》老是说真相只有一个，但是每个人所描述的事实都不一样。所有的宗教，不管是一神教、多神教，全都有各种不同的教派、教会。三千多年来，多少哲学家想要找出人的真正价值，却也出现各种不同的哲学思潮。几百年来，多少心理学家想找出人的行为背后的真正原因，却也出现了各种不同的心理学派。为了不妄下断语，找出所有的"小异"是很重要的。

（3）寻求认同

有次参加朋友间的聚会，素晴用一种有点兴奋却又有点肯定的表情对我说："我觉得心想事成是真的哦！以前我到南崁交流道附近，路边都是一整排的并排停车，整条路大塞车，大家都在找停车位，每次都要花费30分钟以上才会找到空位。自从按照你分享的方法去做，现在我几乎一到那里就会立刻发现有一个停车位没人停，让我能顺利停进去。"

芸丽立刻补上："我也是，我现在在台北市都能五分钟内找到停车位。"我们三人都觉得随时随地在台北市能立刻找到停车位，是能达成的最简单的愿望。

素晴问："我本来不相信心想事成，总觉得那也太像神迹了吧，很像某些洗脑组织讲的话。但是听完你的分享之后，才知道原来有很多脑科学上的研究跟心想事成有关联性。你看的书真的很多，才有办法将这两个领域的内容串联起来。"

是的，我承认，而且大方地承认，我的阅读量不算小。

只要用心过生活的人，都会有灵感突然降临的时刻。"这件事情好像应该……"或"我想情况应该是……"，觉得这件事情好像有80%到90%的概率应该是这样没错，但是又不太敢百分之百确定是不是真的是这样。

一旦我对某领域或某观念，有点懂又不是太懂，有点怀疑却又不知道要怎么怀疑时，我就会大量阅读该领域的书籍，好确定或是印证我的想法没有问题。我认为7本书是最基本的量，既能避免妄下定论，也能避免过于偏颇。[1]

世间很多道理都是共通的，有时在这个领域发现了一个逻辑，其实发现在那个领域也用同样的思考逻辑在运作。锁定一个领域，进行大量阅读，就能增加触类旁通的机会。

在学习影像阅读之前，加上工作上要看的报章杂志等数据，我一年的阅读量大约是50本。当我开始运用影像阅读之后，我看的书更多了，阅读领域变得广、杂，第一年的阅读量就将近600本。

股神巴菲特在自传中提出了一个投资心法——雪球理论——以找到湿雪为起点，还要有足够的雪量，再加上够长的长坡，才能滚出大雪球。要有好的投资成效，足够的雪量是必要条件之一。

我想借用一下巴菲特的雪球论点——除了找到适合你的阅读方法，还要有足够的阅读量，加上够长的阅读时长，才能有好的阅读成

---

[1] 请大家不要误会我的意思，而去做下列这种让人反感的行为：用一种骄傲的神情拿着书对别人说："你看，这本书上写的内容，跟我上次跟你讲的内容是一样的，可见我说得没错吧？我没有骗你吧！"这种行为可是拿着别人的话来帮自己点赞，会让人讨厌的哦！

效。要有好的阅读成效，足够的书籍阅读量是必要条件之一。

　　建议你要在第一年定下"一年读N本书"的目标。这一年的总体阅读目标是追求阅读量的提升。

　　如果你此时胸口一闷，心中暗暗觉得"很难做到大量阅读"，而且正巧站在书店翻阅本书，那你真的、真的、真的要立刻把钱包拿出来，把这本书买回家去，好好地学习影像阅读法！影像阅读法让你的长坡斜率变得更大、更陡峭，滚起雪球来更省力。

　　我觉得阅读高手之路，500本到600本书是打地基，是在练基本功。有量变才会产生质变。有了这样的地基，第二年我在挑书上会更加精准，开始收缩阅读量，大约是250本，毕竟适合你阅读目的的好书不是天天出现。

　　第二年开始，把"一年读N本书"当作目标就毫无意义了，应当转而把"我要专精××领域的知识"当成目标，总体阅读目标则要开始追求从A到A+的质变。

4. 打开视野（Open-minded）

　　前面提到的书评家土井英司说过："一流的读书人才读书，不会在自己有共鸣的地方画线。"换言之，一流的人才，会刻意去挑战自己的非舒适区。

　　看到作者的想法跟自己一样，人就会产生共鸣，等于是作者在帮自己的想法背书、帮自己的想法点了一个赞，这就是待在同温层，躲在自己思考的舒适圈当中。

　　黑格尔的辩证学，正是扩大个人舒适圈的最好方法。要不断地提醒自己"一样米养百样人"，假设自己的想法是"正"，跟自己截然不同的论点就是"反"，每次看书时要故意将焦点放在跟自己想法有明显差异的地方（反），这样才不会让自己一直待在同温层中，以为全世界的人都跟自己的想法一样，而迟迟无法突破自己思考的框架与局限。

要让自己的想法更加多元、更有创意，也就是扩增思考广度，绝对不能只待在同温层中互相取暖，要故意去找冷水来泼自己。也就是说，抱持着"我要打开视野"的阅读目的去翻开一本书时，书中跟我们既有想法"相同"的论述，对我们来说就是"不重要"的内容。土井英司之所以针对商业书籍提出这样的阅读建议，我猜想是因为商业上失败的方法成千上百种，成功的方法也是成千上百种，所以要刻意去找自己所不知道的观点。

我个人认为所有的书籍都可以设定"打开视野"的阅读目的去读。毕竟，人只是沧海中的一粟，要谦卑地面对眼前的一切，要提醒自己："肯定有99.999%的信息，是我还没有发现的。"

（5）消磨时光

玲玲用很不认同的表情夸张地说："看书还要先确定阅读目的？平时工作已经要经常动脑了，回家看个书休闲一下，干吗还让自己更烧脑呢？"

让我把这段话的内心剧本翻译一下，她真正要表达的意思其实是看书只是为了消遣时光的一种休闲活动，或是转换工作心情的娱乐活动——而这也是一种阅读目的啊！如果是为了娱乐、打发时间而阅读，其实用什么方法都可以，不需要刻意使用什么阅读法，因为这并不牵涉到提升理解力。立定消磨时间的阅读目的后，心中对眼前的书

阅读的目的有五种

整理资料

探索研究

寻求认同

打开视野

消磨时光

本说："秀来看看，你将要给我什么样的娱乐？"一样可以将阅读过程化为主动，让大脑的潜意识去帮你更精准地抓住重点。

　　但是，如果是为了消磨时光而阅读，就不需要进一步花时间去写笔记了。

进行自我肯定

　　确定阅读目的之后，大脑就等于对潜意识下了一道指令，让潜意识自由发挥时像同步卫星定位一样，能从制高点以最短的距离往下到达目标，所以影像阅读法也有人称之为"潜意识阅读"法。

　　"表意识"是我知道我在做什么、我能理解我在做什么，自己能够控制的成分居多。"潜意识"是我不知道我在做什么，自己不能控制的成分居多。做梦是潜意识所表现出来的具体行为：我知道我的做梦内容，但我不知道为什么会梦到这些内容；或者我没有办法运用意识去控制梦的剧情该怎么走、何时要结束梦境。

　　潜意识就像用地球上方的同步卫星俯瞰大地一样，地球上所有的信息都逃不过卫星的眼睛，但在地球上的我们，却看不到卫星。总之，潜意识控制着表意识，表意识却控制不了潜意识。

　　我们一般人都是一边看书，一边思考：

　　"这段话的重点在哪里？"

　　"这段话是不是重点？"

　　"这段话的意思是我理解的这样吗？"

以上种种内在声音，都是大脑的表意识在murmur（碎念），是表意识在主导整段阅读行为。潜意识的力量则远远大于表意识，所以，为何不让潜意识来帮我们抓重点呢？我知道，现在的你心中肯定是充满疑惑，似懂非懂。当年刚踏入影像阅读法的我也是一样，总觉得影像阅读法讲的道理好像是天方夜谭，或是魔术表演，如幻似真。这些道理好像是真的存在，又觉得不够真实。现在的你，其实就是正在落入表意识的文字障中。

再强调一次，"潜意识"是我不知道我在做什么，所以阅读过程中，我不知道我看到什么、感受到什么、理解到什么，这些状态都是正常的。

你一定想立刻用高分贝音量困惑地问："我不知道我看到什么，理解到什么，那最后我不是什么都不知道，什么都不理解吗？"

影像阅读法告诉我："不要看，你就会看得到！"

等等，别急！别急！先别急着骂我是个疯子哦！当年刚接触影像阅读法的我，也是觉得："我遇到了疯子吗？眼前的老师到底是在讲神话还是鬼话啊？"

我知道你会害怕这种状态，因为我也怕过。人对于过去没有经历过的事情都会感到害怕，这是与生俱来的本能，是为了让我们避开危险的正常反应。但是，不要被害怕的感觉模糊了焦点，忘记现阶段真正该做的事情。

身为初学者的你，面对害怕的心思时，要有一种"放弃抵抗"或是"豁出去了"的心理状态，你要告诉自己："作者使用影像阅读法这么多年来都没疯掉，表示我也不可能会疯掉的。"如果你到现在还觉得我是疯子，没关系，再给自己一次尝试的机会，看看《商业周刊》创办人金惟纯的经验。金惟纯曾在《商业周刊》第1993期中描述去不丹看射箭比赛的经历。观礼台距离弓箭手很远，金惟纯自己学过射箭，所以一直睁大双眼，想看清楚弓箭手的每一个动作。所有人一直盯着弓箭手，只看到射手举起弓又放下弓，观众就发出欢呼声，金惟纯却始终没看到箭是怎么射出的。

"最后只好不再看射手，两眼呆呆的放空，心里什么也不想……然后奇迹居然发生了：箭镞犹如流星划破暗夜长空般，一支支从我眼前飞过。"读到金惟纯写出这段见证奇迹的狂喜，我也跟着狂喜起来，因为这就是影像阅读法——不要看，你就会看得到！

除了睡觉以外，我们的所有行动，都是大脑的表意识与潜意识一起作用的结果。过去数十年的学习理论都会引用罗杰·史贝利博士的研究，他将大脑的功能很粗略地分成：左脑负责文字、语言等逻辑性，也就是理性的功能；右脑负责图像、声音、感受、运动等非逻辑性，也就是感性功能。[1]

表意识习惯去解读眼耳鼻舌身所接收到的任何信息，表意识是逻辑的，所以表意识认为凡事都有其原因或是道理存在，不存在"没有道理"这一说法。平时都是表意识在主导，若非靠表意识主导，我们的人生应该是毫无逻辑性的一团乱。

---

[1]最新的脑科学发现，大脑的功能区域并非如此粗略，但是在此先不深究此议题。

但表意识也常错误地解读自己的生理感受。[1]若在阅读时发觉你自己的阅读节奏停停顿顿、反复阅读后无法完整说出刚刚读到了什么，大脑立刻就会直接认定你并不擅长阅读。是你的大脑自己决定要这样子解读你自己的生理感受，但是并不代表大脑认为"阅读能力不好"这项解读，就是正确而真实的。

而潜意识则跟表意识完全相反。潜意识是非逻辑的，所以潜意识可以接受我们讲不出什么道理的情况。

从上述说法来看，最好是用表意识能接受的方式，也就是"语言"来说服表意识，让它乖乖放心，什么行为都不要做，只要把意识集中在某个点，然后放松身心即可，一切就交给力量更加强大的潜意识来处理。

但是在此之前，我们需要先练习如何说服表意识！

一般认为是生理感受影响生理行为，例如，因为我很紧张，所以手会发抖。不过，心理感受也会被我们的生理行为所影响，因此假造生理行为，就可以回过头来改变心理感受，这是一种"弄假成真"。

---

[1] 美国东北大学心理学教授，同时也在哈佛医学院教授放射学的莉萨·费尔德曼·巴雷特（Lisa Fedman Barrett）针对情绪做了长达25年的研究，她扫描大脑并分析其生理机能，了解到情绪其实是"个人生理的感受＋个人心理的解读"。也就是说，情绪是由自己的大脑所创造出来的，与外在客观环境无关，个人情绪的好坏，一切都由个人来决定。

一旦改变了生理感受，我们就能重新解读自己的情绪。[1]

　　我也遇过真的骗不过自己表意识的情况，既无法让表意识关机，也无法让表意识不去干扰潜意识，此时我就会运用自己命名的"放弃抵抗法"或是"豁出去法"，告诉自己："管他的，反正看就对了！管他看到什么、管他有没有看到，看就对了！"接着再次进行影像阅读。经过一段时间后，书籍的内容反而全都能够清晰理解了。

　　练习让我们的大脑归零，回到童年时期聚在一起玩"老鹰抓小鸡"那种身心很放松的状态。不执着于游戏过程，只要专注于不要被老鹰抓到就好，爱怎么跳就怎么跳、爱跑多远就跑多远，那种专注一个目标且精神放松的状态，就是我们所需要的阅读状态。

---

[1] 社会心理学家艾米·库迪（Amy Cuddy）在TED演讲与她的书中提出一种有自信的站姿，即使心里一点都不自信，通过自信站姿也可以增强自信心，并可能进一步影响我们的成功机会。她的一些研究结果已被社会学家在关于稳健性和可重复性的持续辩论中引用。

影像阅读法＝潜意识阅读

表意识

有逻辑的

- 我知道我在做什么
- 解读眼耳鼻舌身所接收到的任何信息

潜意识

非逻辑的

- 我不知道我在做什么
- 接受讲不出什么道理的情况

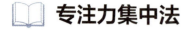

专注力集中法

阅读是很个人化的行为，不需要拿自己跟朋友比较，只要"未来我"比"现在我"更好，那就够了！

想阅读速度变快，一定要先放松，然后集中专注力。一开始的放松，能让脑中的杏仁核（负责处理情绪的部位）不妨碍大脑皮层（负责处理思考的部位）运作，不使思考力降低。换言之，越是紧张，思考力就越低。

虽说专注力好的人，理解力并不一定好。但是如果没有专注力，是无法进行阅读的。专注力不是天生的，大脑的所有能力都是动态变化、用进废退，所以专注力要好好地认真锻炼才行。训练专注力集中的方法很多，大体都脱离不了以下这几种模式。

1. 橘子集中法

这是影像阅读法的发表者保罗·席利在1980年提出的，他在 *Brain/Mind Bulletin* 杂志中看到阅读专家隆·戴维斯描述：有一种阅读障碍者会看到镜像文字，文字像反映在镜子中一样左右颠倒，所以文字变得很难辨认，导致他们阅读速度缓慢，而被视为阅读障碍。

这篇文章中写着两项事实：①阅读障碍者，很难将注意力固定于某一点。②擅长阅读者，会将注意力固定于后脑的某一点上。

保罗·席利又去看了隆·戴维斯的著作《阅读障碍的才能》并参加课程，发现只要将专注力固定在理想的位置上，专注力就会提高，阅读也变轻松了。

让我们来试试看！阅读前，请闭上眼睛，想象后脑勺上方固定飘浮着一个橘子。

你不一定非得想象着一个橘子，也可以换成小鸟或气球，关键并不是在于物品是什么，而是要将注意力放在后脑勺上方的某个定点。建议女生们可以想象绑着高马尾的那个位置，保罗·席利则另外提供一个方法：想象你正在自己的头顶上方看着自己低下头的后脑勺。

闭眼想象时，要去觉察自己心情与感觉的变化，等待心思沉淀下来。

心思沉淀之后张开双眼，你会觉得眼前的视野好像扩展开来了。在这样的情况下，你能吸收的信息会比以前更多。接着就将少部分的注意力固定在橘子上，大部分的注意力放在书本上，开始阅读吧！开始阅读后，你知道橘子在那里，但请你无视橘子，阅读中不需要一直频频去确认橘子还在不在。

2. 数字集中法

有次听黄越绥老师演讲，她提到很多父母不断下指令给小孩：

橘子集中法

❶ 阅读前，请闭上眼睛，想象后脑勺上方固定飘浮着一个橘子。

❷ 闭眼想象时，要去觉察自己的心情与感觉的变化，等待心思沉淀下来。

❸ 心思沉淀之后张开双眼，你会觉得眼前的视野扩展开来了。在这样的情况下，你能吸收的信息会比以前更多。

"快起床！快去刷牙洗脸！快去吃早餐！快换衣服！快去洗澡！快写功课！快去睡觉！人生的一切都被要求快！快！快！就只有死亡不用快而已。"真的是讽刺到让人觉得既好笑又可笑的写实生活场景。

一切都要快！快！快！快到大脑一直很活泼，思绪来来去去，安定不下来。大脑要先能"注意"，才能"专注"。我们可以透过很简单的指令来检验大脑正在注意什么、规定大脑只注意什么，进而训练大脑能够长时间专注。这种佛教所说的"活在当下"的方式，后来被西方心理学家称为"正念"，注意力集中的练习则是正念思考中很重要的一环。

请像刚刚一样闭上眼睛，深深吐出一口气，用一秒一拍的速度数着1、2、3、4、5……99、100，然后张开眼，你会感觉到思绪稳定不少，眼前为之一亮，视线也变得更清晰了。

万一刚开始练习时，还没数到100思绪就不经意地跑到别的地方去，那么今天就换个方法来集中注意力，从你比较上手的方法开始。

3. 数息集中法

心情焦躁的时候，呼吸就会变得又浅又快，因此默数自己的呼吸，是很多宗教或灵修活动会教导的收敛意念方式。闭上眼，一边数呼吸次数一边控制自己缓慢地呼吸，当呼吸状态稳定时，再多呼吸个一两次，就可以张开眼睛了。

数字集中法

- 闭上眼睛，深深吐出一口气
- 用一秒一拍的方式数着1、2、3、4、5……99、100

- 闭上眼，一边数呼吸次数一边控制自己缓慢地呼吸
- 当呼吸状态稳定时，再多呼吸个一两次，就可以张开眼睛了

数息集中法

4. 静坐集中法

高难度的专注法来啰（纯粹是个人的教学经验）！虽然我还没遇到这样的学生，但是说不定有初学者觉得，这其实是最简单的专注力集中法。

请先坐着闭上眼睛，然后将意念专注在身体的某个位置。很多宗教或灵修团体都会要你专注在丹田或肚脐上，我倒是觉得专注在哪里都可以，因为每个人容易专注的位置不太一样，有些人是头顶，有些人是肚脐或眉心等处。

这种静坐跟冥想不一样，意念必须专注于身体，但脑中什么都不能想，也不要去数算呼吸次数！

初学时，会出现更多来来去去的思绪，越是不要想，却想得越多。一旦察觉自己开始胡思乱想时，就放掉那个念头，重新将意念专注在身体的那个点上。就算只能专注一分钟也没关系，休息一会儿，再继续练习。

静坐集中法得日积月累地慢慢练，才能练成专注5分钟以上。根据我的观察，只要能闭眼静坐什么都不想地专注5分钟，阅读时就至少能维持百分之百的专注30分钟以上。

二、预习

以下两则故事，问题背后的原因其实是一样的。

每隔一段时间，就有人会私下向我提出和令凯文感到疑惑的类似的问题："我以前听过很多不同单位办的图像记忆课程，但觉得大家讲的都一样，我听完之后还是不会用。"经过仔细地追问，我发现这些人上的通常是两三个小时的试听课程，但是这种包装为"课程"的销售性演讲，扣掉销售时间，通常真正摸到教学主题边边角角的时间不会超过50分钟。讲白一点，我再怎么浓缩完整且系统性的内容，都还是需要讲12小时；你只听了50分钟的试听课程，就产生听完课学习效果不好的想法，是希望听到什么回答呢？

苏菲听我分享完一本书后，很疑惑地说："我以前也听过别人做的分享，但是都不会吸引我想去看这本书，为什么你今天讲的内容比较吸引我，让我比较想去找这本书来看呢？"这并不是炫耀文，我常说："人类都是只听我想听的、只记住我想记住的。"会吸引你的内容，通常是你内心深处或潜意识中早已认同的内容，所以并不是别人讲的内容吸引不了你，而是你本来就决定不要被那样的内容所吸引。

凯文跟苏菲都犯了一个相同的毛病：以偏概全。其实这也是很多阅读者评估自己阅读能力时的共通毛病。我们在阅读A领域的书时，如果对自己的吸收成果感到满意，就会觉得自己的理解力不错；但如果对吸收成果不满意，就会反过来觉得自己的理解力不好。假设丹尼斯擅长野外求生，对动植物与天文地理等科学知识相当熟稔，这是因为他要强化自己野外求生的能力，阅读的目的在于求生存。既然丹尼斯已经是擅长野外求生的人，对于这个类别的书籍，他的阅读理解力肯定是不错的，但是他对于其他领域书籍的阅读能力，就有可能比较低。

你一定会说："当然啦，熟能生巧嘛！常常看这类别的书理解力一定会比较高！"

你说对了！但很多人就老是会忘了这一项结论，以为自己对 A 领域的阅读理解力不好，就代表自己的理解力不好。其实我们应该这么告诉自己："我对 A 领域的阅读理解力还不够好，还需要多多加强练习！"用有建设性的话语和自己对话，才能产生前进的动力。

影响大脑理解一篇文章的因素很多，这得慢慢地探讨，你得沉下心来仔细阅读本书的逐一分析，好找出影响你个人阅读能力低下的原因究竟有哪些。

 ## 不同主题的阅读目的

每次我在课程中问："在学校上语文课的目的是什么"时，几乎每次都人人语塞，没有人答得出来。我个人比较喜欢用浅白的文字来说明"学习"这件事情，因此都会用"大白话"告诉大家："其实语文课旨在学习两件事情：'说什么'和'怎么说'。'说什么'，是指我们要能看懂作者文章所要表达的意涵，学习如何正确地'输入'。'怎么说'，是指我们说的话、写的文章要让别人能看懂，学习如何正确地'输出'。除此之外，还要学习如何把话说得漂亮、文章写得有美感。"在计算机数据处理的领域中，有句话是这样说的："输入垃圾，就会输出垃圾。"（Garbage in，garbage out.）所以语文课的重点在于学习看出眼前文章的优点，以及学习该优点。如果某位语文老师很重视写作，那么他肯定会要求学生以写作为目的来阅读文章，他会教导学生去分析文章的写作技巧与用字遣词精美之处。而一位指导辩论的老师，肯定也会要求学生能读出文章的立论基础和逻辑推演的脉络。

别忘了，语文是用来沟通的，不管是中文还是英文，都是沟通的工具而已。语言会随当代环境变化而产生意义变化，加上人有百款，更是增加了沟通的复杂度与难度，但是人们需要沟通，这就是我们从小学到大一，一共上了13年必修语文课的原因之一。

总括来说，我将阅读目的分成四个层级，请见下图。其中第一层级跟第二层级是属于基础阅读，大概是初中三年级学生必须具备的阅读能力。

以下概括说明各种主题文章的普遍性阅读目的，细节说明请见本书第四章到第六章。

1. 文学类

文学类作品学习的重心，应该放在"怎么说"上，要慢慢欣赏作者遣词造句的精妙与优美，就是要慢慢读，才能读出文字美感。语文课本中的范例文章多数是文学作品，并不适合进行影像式阅读。

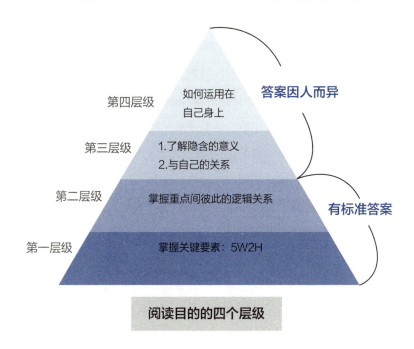

阅读目的的四个层级

第四层级　如何运用在自己身上　**答案因人而异**

第三层级　1.了解隐含的意义　2.与自己的关系

第二层级　掌握重点间彼此的逻辑关系　**有标准答案**

第一层级　掌握关键要素：5W2H

2. 社会科学类、自然科学类

　　影像阅读法非常适合用来阅读这两类书籍。一旦学会影像阅读法，不使用在它们身上就太浪费阅读时间了，会对不起自己哦！

　　这类书籍有一些作者的文学造诣相当好，但是千万别因此而模糊焦点、忘了自己的阅读目的。记住，请不要以文学类的视角，来阅读社会科学类跟自然科学类的数据。

　　社会科学类跟自然科学类的书籍，还可以再细分成两类：理论性、应用性。也可用另一种角度来区别："黑白分明的"与具有"灰色地带的"。别以为都有"科学"这两个字，就以为社会科学跟自然科学是属于同一种阅读角度的书籍，其实两者的着重点不尽相同，在本书第四章与第五章会进行更细致的说明。

这两类文章的作者，一定是针对某个现象存有疑问（作者的How），然后写出自己的思考脉络与验证方法（作者的Why），最后得到结论。但有时作者写出的结论并非最后的结果，可能是作者的研究到目前为止只到达某一点的里程碑而不是终点。对于一个只想知道标准答案的人来说，这种书籍肯定会被他摒弃，因为他"无法得到一个结果"。"没有结果"对他来说，代表脑中的困惑依旧存在，困惑所带来的负面情绪也依旧存在。

对我来说，这两类书籍的结论（不管作者是否给出肯定性的结论）固然重要，但是作者的思考脉络其实更加重要。

大学时曾经上过一门关于企业营销的课程，毕业后进入企业工作，我发现课堂中所学的理论在该公司几乎没有机会运用，回忆当年长达十六周的课程，唯一能直接在职场中派上用场的，只有一个公式。但是，老师在讲述课程时所展现出来的思考脉络，教会了我如何去思考，这种思考的能力，对我来说才是真正的宝藏。

理解作者的思考步骤与脉络，我认为阅读文章时，会带给自己很大的启发。学习去看别人是如何思考的，而不是只知道作者讲了什么理论、知识，千万别把自己当成是复印机，只会复制书中的看法与结论。

找出关键词

我最喜欢跟学员举的例子，是中小学教科书与参考书的不同之处。同样的内容，教科书会这么描述："首先……接着……然后……再来……最后……"中小学生看完后会认为从头到尾只有一个重点或是一个步骤（别笑他们，就是因为不会，所以才需要学校教育！）但是参考书则会将一样的内容调整写法："第一……第二……第三……第四……第五……"中小学生就能立刻看出其中有五个重点或五个步骤。

当然，正因为参考书甚至补习班也会通通帮我们将内容转化好，有些中小学生会觉得这类的书籍比较好阅读，因为重点都已经写得很直白了，因此不再看课本，只看这类参考书。但是从教育的本质来看，这类书不也是剥夺了中小学生自行练习抓重点的机会吗？

我个人认为，阅读是让自己练习去适应其他各种不同表达方式的机会。2012年创立"眼脑直映读书会"时，我的出发点是："每个人都是一本书，每部电影也都是一本故事书，而每本书都是一个人的生命轨迹。"阅读是一种了解周遭事物的行为，每个人人生中的问题都可以在书中找到答案，就看你懂不懂得深入阅读。

阅读力就像是包心粉圆，其实是具有"双核心"的。第一个核心是"如何找出关键词"，第二个核心是"掌握关键词之间的逻辑关系"。第一个核心做得好，第二个核心不一定能做得好。但是如果第一个核心做不好，无法抓取关键词，第二个核心想必也无法做得太好啰！所以，如何找出关键词，是核心中的核心。

广泛性来说，我会将阅读素材大体划分成以下三类，好提醒我的潜意识该用哪些思考角度下手抓重点。

1. 故事性文章

通常会描述人、事、时、地、物、因、果、成本等概念，因此我们就从这些角度下手去抓取重点、找出关键词，即可达到第95页图片所提到的"基础阅读"层次。

2. 论点性文章

特别小心留意这类阅读素材中所提出的专有名词与定义，因为作者的定义不见得跟一般印象中的定义相符。另外，作者的起心动念，也就是此论点因与果之间的关联性，以及作者的思考脉络，也就是此论点的完整架构，也常是我会留意之处，毕竟学习专家如何思考是很重要的。

3. 说故事营销性文章

　　这类阅读素材是运用故事作为糖衣包装，将生硬的部分包覆起来，让读者比较容易吞下去。生硬的部分可分成两种，第一种是作者个人生活经验的观察，不具备科学性，算是带有说明文性质的论说文。第二种是科学性内容的论说文，同样也算是带有说明文性质的论说文，但论说的比重更高。如果是第二种，在抓重点找关键词时要以论点为主、故事为辅，千万别本末倒置，只记得看故事却忘了去思考作者的论点。这类素材我们在第六章第223页、第228页起谈杂志和网页的阅读时，还会有更为深入的讨论。

📖 阅读心态的陷阱

15岁的艾尔莎用极度不屑的表情说："我觉得作者写的这些部分根本是不重要的，这一大段的内容考试根本不会考，这篇文章毫无重点可言。"

帕特里克50岁退休后仍不断进修考执照，他希望自己能开创人生不同的面向。他拿着一本书严肃地说："你不觉得这篇文章讲得很烂吗？作者只是讲各种原因的研究过程，有些原因很明显并不是造成问题的原因，另外的一些原因也没有说到底是不是真正的原因，只说还要再进一步研究。"

32岁的悠悠很困惑地问："我本来期望这本书可以告诉我应该怎么做，没想到作者不断地提出各种问题，每个问题的解答好像又会被另一个问题推翻，一个又一个的理论不断出现，似乎这个理论也对，那个理论也对，到底应该怎么做才对？看完书之后，我没有看到作者给结论或建议，到底这本书想告诉我们什么？"

　　40岁的爱生用不满的口气说："你不觉得这篇文章讲的都是废话吗？先告诉我们经营失败的原因有哪些，又告诉我们经营成功的原因有哪些，可是把失败的原因转个180度，不就是成功的原因吗？"

　　艾尔莎、帕特里克、悠悠和爱生各自都落入了阅读心态的陷阱。阅读之路上有许多看似合理的陷阱，例如，为了考试，一定要有结论、一定要有对错、黑的相反就是白的……心里抱着这种阅读目的并没有错，错的是面对不同的文章类型，却抱持着同一种阅读目的。

　　网络媒体与自媒体，排山倒海地在手机上争相夺取大家的注意力，每天一连上网络，就会收到亲朋好友或是App推荐的各种文章、影音，这些经由媒体精心设计，希望得到群众广泛喜爱的影片或文章，其特色在于让人观看之后，不用太辛苦地思考就能很快得到结论，使我们误以为这是我们自己思考后的结论。但是这种让我们把知道（know）当成理解（understand）的影片，比较容易在网络上被分享，因此手机上泛滥的信息其实正在阻碍我们理解力的发展。

　　当然，面对不同的写作模式，我们也不能都用同一种阅读方式去捕捉作者的想法。这部分的细节，留待本章第94页谈到"文章的阅读"时，再来进一步分析讨论。

三、影像阅读

　　如果你从来没接触过任何提升阅读速度的方法，而你又非常心急，没有阅读前面章节就直接跳到此章的话，请你回头吧！因为你正在沙地上盖大楼。

 书籍的阅读

　　艾尔莎面临工作压力时，时常觉得这里酸那里痛的，全身体检也检查不出什么毛病。中医师问诊半小时后，除了开中药之外，还写了一大张的养生法则，要她回去注意这些生活习惯。3个月后，艾尔莎觉得所有的不舒服都不见了。请问养生专家是艾尔莎自己，还是中医师？

　　让我们将中医师换成老师，艾尔莎换成学生。老师通过讲解、指导、引导学生怎么面对眼前的课文，3个月后学生考了高分。请问该领域的专家是学生还是老师？从结果来看，艾尔莎跟学生都获得不错的成果，但多数人并不会说他们两人是专家。为什么他们两人付出努力，也做出好结果，却不被视为专家呢？差别在于医生跟老师是主动学习，艾尔莎跟学生是被动学习。医生跟老师的专业知识也是向别人学习而来，但他们一直在进行主动学习，所以能晋级成为专家。所以想成为阅读领域的高手，必须主动阅读！

学海无涯、知识浩瀚，一本书就是我们的无声老师，现在就让我们开始运用影像阅读，学习"如何主动向书请益"。

1. 启动高速的心理模式

以你目前的年龄减去7岁，就显示出你过去用了多少年在低速度的阅读方法上。要想一时半刻、一天两天就完全去除过去数十年所建立的各种不良阅读习惯，这种奇迹是不太可能发生的。在以下的练习过程中，初学者如果有任何地方做不好，其实都是可以理解的。

要改变任何习惯，初期肯定是充满刻意练习，一定要不断提醒自己："学好影像阅读的唯一方法就是持续做下去，即使进步缓慢，有练习就有效果，最终我一定能做到！"

来吧！首先运用第62页说过的"专注力集中法"，让你先进入身体与精神都很放松的状态。接着进行自我暗示，告诉自己：

"在影像阅读中，我的注意力会很集中。"

"用影像阅读所得到的信息，会永远保存在潜意识中，会在恰当的时机给我提供帮助。"

"我要从眼前的这本（说出书名）中，获得符合我需要的（说出目的）信息。"

放下自己的心魔吧！多数人面对自己居然用过去没想过的高速状态在阅读时，就开始感到害怕，害怕自己会不会看得太快了，然后立刻降低阅读速度。所以这里的自我暗示，是用来提醒潜意识要在哪里发挥作用，同时也修正自卑、消极的想法，进而提高成功阅读的概率。

2. 调整眼睛焦距

假设眼前有一幅画，我说："这幅画中有青山、绿水、灰色小桥、驼背的红衣老人、一大片的深绿色森林。"这是"见"。

假设我说："这是一幅山水画。"这是"观"。

"观"就是"摄像焦点"，不带有个人意识在内、单纯地看着。因为意识中的"表意识"是海关，会一个个开箱检查行李，当然会因此降低数据输入大脑的速度。

"表意识"也会让我们的视野窄化。有时急着要找某个东西，东翻西找就是没看见那个东西就在眼前。相信你周遭一定有人曾经戴着眼镜在找眼镜，或是一心一意认为东西在客厅，但是翻遍了所有抽屉与柜子都找不到，正要放弃寻找的时候，却发现东西就在电视柜上。

过去阅读时，我们的视觉焦点会锁定在一个个的文字上，而非整个画面。会锁定一个个文字的原因是，在小学学习认字的阶段，爸妈或老师都会要求我们"念课文、念故事书"，以确保我们真的认得这个字、会念这个字，因此无形中我们被暗示了："要聚焦在一个字一个字上，要能把一个字一个字念出来，才表示我们真的读懂了"。

实际上我们的眼睛可以一次看一大群的文字，甚至是一次看一整页，对成年的我们来说，不是我们做不到，而是因为我们不敢做。这个心魔对某些人来说，算是大魔王等级的。当我们的视觉焦点锁定在一个个字上，依序念下去时，就会让我们一直使用"表意识"去理解词句的意思。"表意识"一直保持活跃状态，"潜意识"就会被压抑。因此，让眼睛不去锁定一个个的文字，就是释放潜意识的重要关键。从现在开始，要练习一次看一大群的文字。

先来感受一下什么是眼睛放松的状态。

坐在椅子上，把背挺直，摊开的书本用手拿着，倾斜地立在桌面上，眼睛视线与纸面呈现直角，眼睛距离书本约20～30厘米，如果需要的话请戴上近视眼镜或老花眼镜。

首先进行专注力集中法，将两页页面的周边空白处映入眼帘，而不要去看文字。将视线落点在两页的中间空白处，只是落在那里，但不是死盯着两页中间的空白处，而是要将意念放在两页周边空白处。突然，你就能看到两页纸张好像变得立体了，两页之间的空白处出现了一个长条凸起。

影像阅读法的研发者保罗·席利将这种眼睛放松的状态称为"软眼"，软眼会让影像变得立体，这种现象即为"摄像焦点"。一旦视觉用力聚焦在两页之间的空白处，长条凸起就消失，这个长条凸起处为"悬页"。

初学者一旦将视觉焦点放在悬页处，悬页就会立刻消失，这也没有关系，毕竟要在一时半刻之间改变用眼习惯，并没有那么容易。放轻松，用游戏的心情进行练习，眼睛先看看别的地方、休息一下，等一下再来玩。给眼睛充分的休息是必要的哦！

摄像焦点

① 眼睛距离书本约20~30厘米。

② 闭眼想象时，要去觉察自己的心情与感觉的变化，等待心思沉淀下来。

③ 突然，你就能看到两页纸张好像变得立体了，两页之间空白处出现了一长条凸起

这就是"悬页"

　　要改变几十年的用眼习惯、进入摄像焦点的状态，或许要花点时间才能办到，不要担心、不要急躁，告诉自己保持眼睛放松，慢慢来就好。

　　另一个练习方式是"视线分散法"。摊开书本后，把视觉落点放在两页之间的装订线上，再将视线扩散到两页页面四周的空白处，以及段落之间的空白处，扭曲焦点让自己看不清楚所有的文字，再想象书本四个角落连接起来形成一个 X 字。让眼睛继续保持放松、视线分散，将视线焦距越过书本、落在书后的远方，这时也会看到悬页。

　　如果经过多次练习后，还是一直都看不到悬页，也没关系，只要运用第85页的"翻页时维持稳定状态"技巧来抑制表意识就好。

　　悬页是确定眼睛视线分散的信号，视线分散的目的则是为了不让表意识发挥作用，当慢速的表意识受到抑制，高速的潜意识才能够被释放。

3. 把整页当画面摄入脑中

　　练习产生软眼、能看到悬页时，要保持"眼睛放松、头脑放空"的状态，但不是发呆哦！"眼睛放松"是指不对准任何一个字，让视线分散。"头脑放空"是指身体放轻松，但心思意念专注集中。

　　处于摄像焦点时的眼睛是很放松的，类似发呆时的眼睛，处于没有聚焦的状态，所以看不清楚文字是正常的，千万不要产生害怕的心态——怕自己看不到任何字。

　　摄像焦点其实是一种扩大周边视野宽度的方法，让眼睛像照相机一样将整个书页画面全部一次拍下、放入脑中，在表意识或左脑文字

视线分散法

❶ 视觉落点放在两页之间的空白处

❷ 再将视线扩散到两页页面的周边空白处

❸ 将视线焦距越过书本，落在书后的远方

❹ 这时也会看到悬页

区域还来不及处理之时，潜意识或右脑图像区域就已经先处理完毕，直接放入脑中记忆库。因为是由潜意识在处理，当下我们无法清楚地知道自己究竟吸收了什么内容。

因此摄像焦点可以抑制表意识，让潜意识不受限地发挥最大作用。如前所述，悬页是一种视线分散的讯号，我们也可以透过别的方法来达到视线分散。

刚开始焦距要放远一点，才能看到悬页。能看到悬页之后，就慢慢拉近焦距，保持眼睛放松，若悬页突然消失也没关系，休息一下，用游戏的心情练习。慢慢地，将焦距拉近到纸面上，你会发现文字变得清晰了，眼睛越放松、文字就越清晰。

4. 翻页时维持稳定状态

初学者不太容易让整个阅读过程一直维持在"摄像焦点"和"高速阅读"这两种状态中，于是自我怀疑、恐惧、自我否定……的想法会不断涌出，一直干扰专注力。

这时，深呼吸一下，回到第62页的专注力集中法，再度让自己放松、集中。

阅读时，手的翻页动作要保持稳定速度，用每页一到两秒的速度翻页，不要刻意放慢速度。

配合翻页速度，心中再度告诉自己："在影像阅读中，我的注意力会很集中。"

"用影像阅读所得到的信息，会永远保存在潜意识中，在恰当的时机给我提供帮助。"

　　"我要从眼前的这本（说出书名）中，获得符合我需要的（说出目的）信息。"

　　一边翻页，一边观。只要专注地用软眼看着眼前的书页，单纯地一边翻页、一边观。眼睛放松，头脑放空，什么都不想，单纯地一边翻页、一边观。看书的时候，不去思考、不去理解，单纯地一边翻页、一边观。

让眼睛像照相机一样，将整个书页画面全部一次拍下，放入脑中

在表意识与潜意识之间建立通道，你越放松，越能敏锐地感受到流进意识中的信息。以上过程都很简单，但是都很重要，务必切实做到，不要轻忽了事。

5. 结束时的自我肯定

翻完书后，你一定会疑惑："我到底看到了什么？我刚刚真的有看到东西吗？"这其实是表意识在发问。

看过一本书，表意识却说不出来到底是什么内容，我们的表意识必定会认定自己什么都没有阅读到、吸收到。这是事实，却不是真相。

先前提过，潜意识是我不知道我在做什么的状态，影像阅读则是直接将书中内容输入潜意识的阅读方法，因此这种情况就像直接偷渡而不经过海关，表意识海关当然说不出刚刚到底读到了什么。

所有的运动结束后，都要有收操的动作，刚刚我们奋力地进行了大脑运动，也一样要收操的。

翻完书之后，必须用明确的指令来结束影像阅读，所以我们要再一次地进行自我暗示：

"我刚刚已经将书中内容输入脑中了，我的头脑会吸收刚刚的内容，并加以整理。以后我能运用各种形式，真切地感受到自己已经在运用这些信息了。"

斯坦福大学的卡萝·杜维克（Carol Dweck）提出：定型心态者深信能力、智力都是固定不变，成长心态者则深信能力、智力是流动的，失败了也不会认为自己很无能，一直尝试新技能的可能性。因此

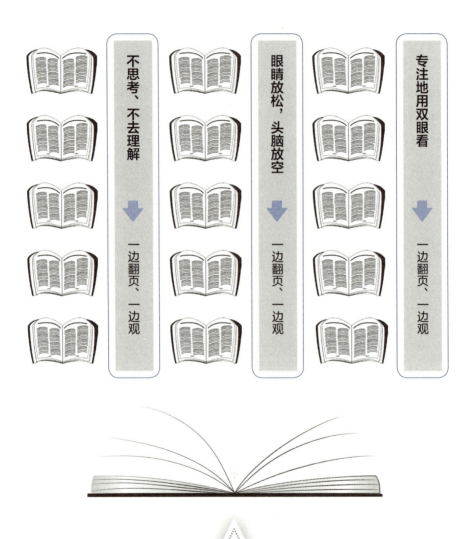

不思考、不去理解

→

一边翻页、一边观

眼睛放松，头脑放空

→

一边翻页、一边观

专注地用双眼看

→

一边翻页、一边观

手的翻页动作保持稳定速度，每页用一到两秒的速度翻页

乐观地相信自己、继续练习，是学习影像阅读法不可或缺的成长心态。阅读后，睡场好觉是必要的。毕竟睡眠的一项重要功能，就是固化记忆力。

6. 对头脑发问（mindprobing）

1946年，美国俄亥俄州立大学心理学教授罗宾逊（F.P.Robinson），在他的著作《有效学习》（*Effective Study*）提出"SQ3R"：综览（Survey）、发问（Question）、阅读（Read）、背诵（Recite）、复习（Review），是能有效精读课文的学习方法。

现在我们虽然不是要进行精读，但仍需要对头脑发问，以自问自答的方式进行复习，并增强下一阶段活化的效果，是刻意产生的活化。自问自答的复习时间，依据文章类型来决定。以保罗·席利个人的经验，如果浏览时间为1到2分钟，复习时间可长到15分钟，如果浏览时间为5到8分钟，复习时间就5分钟。

把书当成是我们请教的对象，主动对书提出问题。如果没有提出问题，自然也无法得到答案，所以此时我们要向书提出四个基本问题，然后再从书中靠自己找出解答。

> 1.整体来说，这本书的主题、主线，主要探索何种领域？
>
> 2.从大主题延伸出多少重要的小主题（子题）、小论点（次要论点）？表达的架构是怎样的？
>
> 3.作者的逻辑论述，你觉得如何？全部赞同还是部分赞同？

影像阅读的结束指令

我刚刚已经将书中内容输入脑中了。

我的头脑会吸收刚刚的内容，并加以整理。

以后我能用各种形式真切地感受到自己已经在运用这些信息了。

4.这本书跟我有何关联性？这些信息对我的重要性在哪里？我需要再去搜寻其他相关资料吗？我需要再更深入地研究吗？（属于下页图的第三个阅读层级）

如果是知识性较为浅显的文章，文章内容大约只有达到"基础阅读"的层次，我们只要掌握下页图第一层级跟第二层级的阅读目的就够了，可就文章的大小标题或人、事、时、地、物、因、果、成本概念的角度，自行拟定问题。

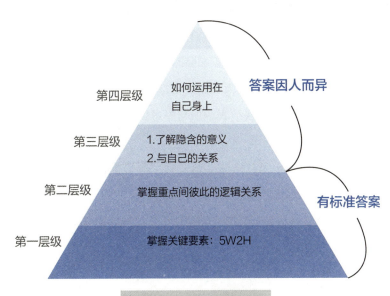

第四层级　如何运用在自己身上　**答案因人而异**

第三层级　1.了解隐含的意义　2.与自己的关系

第二层级　掌握重点间彼此的逻辑关系　**有标准答案**

第一层级　掌握关键要素：5W2H

阅读目的的四个层级

让心智保持一会儿紧、一会儿松的情况，是能让大脑表意识跟潜意识发挥最大合作效果的情况。[1]

在影像阅读完毕后所进行的自问自答阶段，表意识会焦急地想知道刚刚究竟看到了什么，而从"过去的"记忆库里抓取数据，并不是从刚刚跳过的表意识海关偷渡到潜意识内的个别数据库。所以先不要急着立刻要求自己必须详尽回答，甚至完全答不出来也没有关系，因为我们的目的并不是要刻意回想书籍内容，而是要求潜意识把真正的答案找出来。

此时，先放松一下我们的心思，使注意力脱离刚刚的文章，休息个20分钟到1个小时都没有关系，要让潜意识有充分的时间去找寻答案。

第二次的自问自答，可以用读书会的讨论方式来进行，大家彼此互相询问、讨论，这样可以让大脑的注意力变得主动，使潜意识搜寻数据库的工作更加活跃，联结表意识与潜意识之间的桥梁更加强健稳固。

不管是第一次还是第二次对头脑发问，保持身心放松都很重要哦！我对多年前的读书会上的一个问题印象深刻。当时大家一起进行了影像阅读，歇息10分钟后立刻开始讨论，年约50岁的邦妮是第二个

---

[1] 弗朗切斯科·齐立罗（Francesco Cirillo）发明了"西红柿钟工作法"，他发现让专注力在短时间内一紧一松时，工作效率最高。此法的基本工作方式是：把专心做事25分钟、休息5分钟作为一个模块。接下来按照此模块循环往复地进行工作和休息。

发言的人，她的发言让大家赞不绝口，这时年约30岁的奇奇充满怀疑地问："你怎么知道这本书的重点内容就是这些呢？"邦妮不假思索地回复："你就是会知道！"

　　因为是潜意识在阅读，所以邦妮无法用表意识的语言来向奇奇说明潜意识做了哪些事。但是经过多次练习，你对一本书的敏感度会增强不少，不管是在书店中挑选一本书，还是听到别人对你推荐一本书，你都能很快判定这本书对你来说，内容适不适合协助你提升自己的知识或阅读能力。

📖 文章的阅读

1940年墨提默·艾德勒（Mortimer Adler）提出了四种阅读层次，每一个层次又包含着前面的层次，请见第95页图示。

大概在小学四年级时，我们已经准备好要开始加强第一层次的"基础阅读"能力，这表示我们有了一定的识字量，也懂得很多词语、句子的意涵，已经脱离文盲状态。"基础阅读"又称为初级阅读、基本阅读、初步阅读，它是阅读的地基，只要掌握"5W2H"和"人、事、时、地、物、因、果"，就能掌握文章八成以上的内容。坊间的速读法，大多都将教学重心放在这个层次上。

大概在初中三年级时，我们就应该具备并熟练掌握"基础阅读"的能力，但现实情况是有些人年纪成长了，阅读能力却没有超过初中三年级的水平，甚至连基础阅读都做不好，那么他就应该先回头训练基础阅读能力，之后再来针对阅读层次进行训练。千万不可奢望直接进行第二层次的"检视阅读"训练，就能自动帮你补齐第一层次的"基础阅读"能力缺口。而影像阅读法则是要教你超越基础阅读，往检视阅读、分析阅读、主题阅读的层次继续迈进。

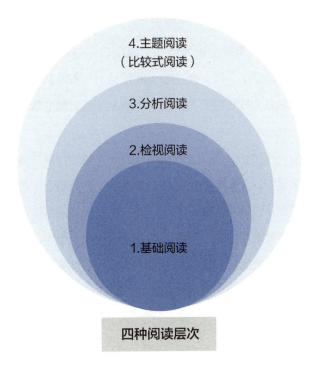

4.主题阅读
（比较式阅读）

3.分析阅读

2.检视阅读

1.基础阅读

四种阅读层次

步骤一 浏览——超阅读、检视阅读

在完成前面提到的"书籍的阅读"六个步骤之后，我们就能找一本书并从中挑出符合阅读目的性的章节，开始进行"超阅读"，也就是前述的第二个阅读层次"检视阅读"，又称"系统化略读"或"粗读"。在这个步骤请务必压缩阅读时间，规定自己在几分钟内一定要读完。此阶段不需要很仔细地了解文章内容，只要知道以下三项重点即可：文章的主题、文章的写作结构、关键词落在哪些段落上。

（1）系统化略读

有人将浏览（超阅读）称为"系统化略读（skim）"，目的是为了向潜意识输入文章的主题及结构，以便告知潜意识在进行步骤二"找关键词（跳读）"时，要往哪个阅读目的与方向做调整，并让潜意识可以将注意力放在吻合文章的关键词上，能更精准地掌握此文章的关键词。

用至少一分钟1000字以上的速度，快速大略地扫描文章一次，不要仔细地阅读，只要知道此章节中最重要的主题或概念即可，浏览一页的时间不要超过30秒。这时内心一定会出现想仔细阅读每个字的念头，但是千万要忍住，千万不要降低速度细读每一个字。

千万别偷懒或是心急贪快而想略过本步骤、直接进入步骤二，否则潜意识无法发挥百分之百的能力去精准地抓取关键词。

（2）粗读

浏览时可能遇到一些不太懂的句子或是段落，请千万不要停下来思考，也不要回到这一段的开头，重复"念"一遍，因此有人将此行为称为"粗读（pre-read）"。这一点很重要！如果一碰上稍微困难的地方就常常停下来思考，那么你肯定会觉得这本书很难阅读，会再度让自己陷入负面的思考回路中。你一定有类似的经验：略过不懂的地方后，继续往下看，刚刚不懂的内容便自动清晰明白了。只要你常常有这样的阅读经验，那么你一定会进入正面的思考回路中，对自己的阅读能力更有信心，也更愿意放大胆量进行影像阅读。

（3）速读

我在前作《眼脑直映快读法》中曾特别强调：一个速读高手是懂得根据不同的阅读目的、文章类型与个人理解程度，而使用不同的阅读速度，并非一味求快。

根据80/20法则来判断，80%的书籍或文章内容都不值得你慢慢读，而应该要速读。该速读却慢读，就是自己在浪费自己的时间。步骤一"浏览"就是一个需要运用速读方法的时刻。

在浏览阶段时，请千万要用速读的方式进行，把慢慢读的精神与时间，放在真正需要精读的章节或段落上。要先经过浏览，才能执行精读。

浏览——超阅读

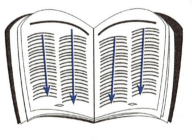

系统化略读

浏览完一页的时间不要超过30秒。

粗读

遇到不太懂的，不要停下来思考，继续往下看。

速读

浏览阶段时，千万要用速读的方式。

（4）纯论说文、说故事营销型书籍的浏览步骤

假设你还没有掌握前面所述的"摄像焦点"，而某本书刚到手就立刻要阅读了，也可以选择直接浏览一整本书，只要知道以下这三项重点：书的主题、书的写作结构、关键字落在哪些章节或段落上即可。

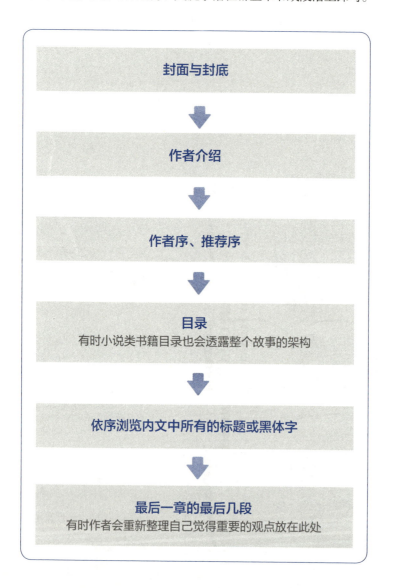

（5）在书店挑选书籍时的浏览步骤

假设你还没有掌握前面所述的"摄像焦点"法，但是正在书店中挑选一本书的话，你更需要先浏览整本书。

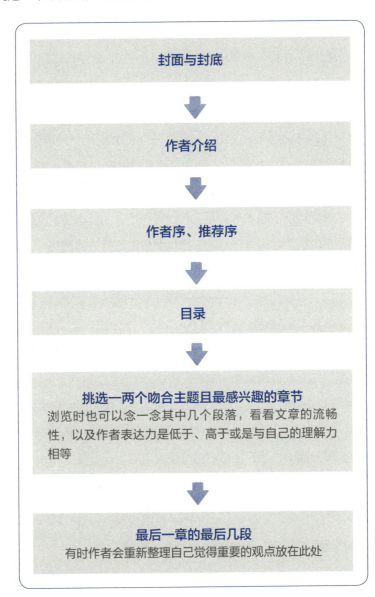

封面与封底

作者介绍

作者序、推荐序

目录

挑选一两个吻合主题且最感兴趣的章节
浏览时也可以念一念其中几个段落，看看文章的流畅性，以及作者表达力是低于、高于或是与自己的理解力相等

最后一章的最后几段
有时作者会重新整理自己觉得重要的观点放在此处

步骤二　找关键词——跳读、分析阅读

"表意识"依赖逻辑进行运作，而"潜意识"不用逻辑就能运作，所以潜意识发出的信息，表意识既无法解读、也说不出口。这个阶段只要顺从直觉，不要听信表意识的自我怀疑，继续用扩大的视野（眼睛放松），让视线保持移动，放轻松地听从内心的声音，一旦感觉到这里好像有重点或可能有重点，就大胆地把那个关键词或关键句子圈起来。

如果文章是偏向理论主题，作者脑海中已经有了一个架构，他会以大小标题来表达架构或是关键词的轻重。熟稔这种表达模式的读者，一定会先直接阅读所有的标题，再决定要不要继续阅读内文。

古代文章写作的基本形式是"起承转合"，而遣唐使将这种写作形式带回日本，因此很多日本的文章也会依照这种方式撰写。"合"是结论，所以有些人会直接略过前面的段落，只读文章最后一段。如果是论说文，思绪的转折之处——"转"——就成了关键点，所以有些人只读"转"跟"合"这两大段。

这两种方式都对，但仅限于受中国文化影响的作者所写的论说文，或是写作方式依循反面立论的文章。

网络时代开始后，世界的交流更加快速，即使是受中华文化影响的作者，也不一定会依照上述方式撰写，所以只看所有标题，或只看最后一两段的跳读方法，现在不见得是管用的。

"找关键词"这个步骤对绝大多数的初学者来说，有四个极大的心魔必须要克服。

（1）第一个心魔：怕漏掉重点想放慢速度

初学者都很怕自己会漏掉了重点，而忍不住降低阅读速度。

（2）第二个心魔：没信心想重看

很没信心，高速状态下看个几行文字，脑中就一直出现想回头再看一次的念头。

忍住！忍住！再忍住！

在这个阶段，放弃紧抓着那缓慢的表意识吧！把你脑中的声音（表意识的murmur碎碎念）关闭，放轻松、放轻松，让眼睛轻松地在纸张上移动就好，让你的潜意识自由发挥吧！

只要阅读前确认过阅读目的，潜意识就能发挥潜能，让你看到重点在哪里。

其实步骤二的"跳读"概念，你早就在使用了。专卖大包装的大卖场会常常更换货品展示位置，不让你老是走同样的路线，直接买了东西就结账离开，而是希望你多逛一下卖场，就有可能看中一些本来没想买的商品。因此，这个场景你一定再熟悉不过：走进大卖场的大门，视线迅速且大略地从左边扫到右边，看到关键词之后，就立刻朝着右边第二条走道走过去——是的，你正在"跳读"。

走入右边第二条走道后，你一样大略地看一眼右边的货架，从上扫到下，确定这边没有你要的东西；接着往左边的货架看去，从上扫到下，还是没有你要的东西——是的，你一样在"跳读"。

继续往前走，你立刻看到十步之遥的右边货架上放着三盒你要的A牌商品，立刻直接走过去拿起两盒，然后就继续往前走，不再看两边货架上的商品——是的，你还是在"跳读"。

回到主要通道之后，你马不停蹄地一直走，一边走一边往左边快速扫描一下，确认这个走道的东西不是你需要的，视线就再继续往前，脚步再继续往前走——是的，你依然在"跳读"。

既然你知道计划性购物时要有所取舍，不把眼光放在购物清单中没有的东西上，影像阅读法也是一样——你不需要把眼光放在目标设定以外的段落或语句上面。

（3）第三个心魔：想边读边背下内容

有些人会想一边阅读，一边背下内容。但是一边记忆，一边阅读，是会妨碍理解的。

相信大家都会说："背下来，不等于是理解。"那么，你为何会害怕刚刚没把内容记住？为什么以为没记住内容就代表自己并不理解内容？这种心态其实是自相矛盾啊！

（4）第四个心魔：重点怎么这么少？我一定漏掉很多

放心！根据80/20法则，重点的文字量比你想象的还要少，所以不用担心自己抓出的文字量怎么只有一点点。

阅读专家或是已经学成影像阅读的人一再强调，上面四种方式是不良的阅读方法。初学者总是想照顾好理解力，就不断地让自己又回到原本的不良阅读习惯上。影像阅读就像四色印刷一样，一层加一层地让大脑理解文中意义，因此理解力是逐渐累积的。假设语言理解力可以两三天速成，那我们就不需要从小学一年级到高中三年级，花12年的时间去学习语文，不是吗？

养成影像阅读法的习惯之后，你自动就会把这个习惯带到生活中的各种活动中。例如阅读E-mail、阅读LINE的信息、整理衣柜、整理

四个心魔要克服

1 害怕漏掉重点，想放慢速度

2 没信心想重看

3 想边读边背下内容

4 重点怎么这么少？我一定漏掉很多

数据、查询网络……都会变得很快速。

阅读带有论点性的内容，有时候看出作者的思考脉络，比找到作者的结论更重要。[1] 在影像阅读之后再进行跳读，会帮助我们更容易看出、看懂、看通作者的思考步骤与脉络。

切记，步骤一"超阅读"和步骤二"跳读"都不是要你一边看一边记住内容，而是要掌握作者的表达结构，找出自己所需要的重点，帮助大脑归纳，进而提高理解力与记忆力。所有的影像阅读者都表示："记住内容是完成所有阅读步骤后，就会自然产生的结果。"

在国外也使用跳读（Skittering）方式进行快速阅读。"跳"指的是眼球不规律地快速移动，视觉焦点不是放在整页文字上，而是跳着仅看部分文字，视线在页面上的移动可以是Z形、螺旋状、W形、C形或X形……不规则的轨迹，目的在于找到跟标题有关系的关键字词。

---

[1] 这部分请见第四章与第五章，针对阅读社会科学类和自然科学类有详细说明。

（1）第一种跳读：略读法、点读法

> **步骤一：浏览**
> 浏览文章的标题、副标题、序

> **步骤二：找关键词（第一种跳读）**
> 阅读文章最前面一两段
>
>
>
> 阅读中间的段落仅读前面几句话，或是仅读最后几句话
>
>
>
> 阅读最后面一两段
>
>
>
> 除了刚刚读过的最前面跟最后面一两段快速看过全文
>
>
>
> 想一想

> **步骤三：只看关键词**

（2）第二种跳读：中偏高阶的眼球移动

步骤一：浏览
浏览文章的标题、副标题、序

步骤二：找关键词（第二种跳读）
文章的标题、副标题、序

阅读每一行的上方1/3之处
下方2/3的部分跳过不读

若感觉到该行下方有重点再阅读
否则下方2/3的部分完全不读

想一想

步骤三：只看关键词（第三种跳读）

第一种跳读

述些框架常是來自於累積過去生活經驗所建構而成的，我想要 A，看大家又說 B 不行，於是我就選了 C。長此以往

不行，所以往下……情時，就會直覺要選 C 才行。

回想看看。我們過程的事物時……
想，是因為家長要你去念？或是父母希望你去念？你是為什麼好像老是不行？或是念大學好像不行？再更深一層

閃，發現自己的想法是怎麼來的？……電光火石間，念頭一

有時，在某個時刻，你發現自己的思緒好像
停地回到原點。很難有往前推進一步的方向，於是迷惑了？總是不斷地兜著圈子，不
上的毛線團一般，打不開案多的刺結點，也找不到線頭與線尾。只能隨手一扔，算
了，以後再說。這些僵局，讓大腦像當機一樣地卡住了，應有的腦能力就無法發揮。

要追蹤自己分分秒秒的思緒脈絡不容易。但可以做到的。只要用心智圖來記錄
自己的每一個瞬間微小念頭，看著這些思緒的脈絡，就很容易找出混亂的原點，打開思
考的僵局。

想要釋放大腦潛能，必先發現
態、不良過程、不良目的。

一、不良心態關閉了你的大腦潛能

這裡所說的不良，總和了錯誤、不明確、不佳的意思。

(1) 應付：每個人心中都有一把尺，知道什麼是 100 分效果，甚麼是 0 分效果，刻意選擇 60 分當成自己的最終成果，會抱著「想要再加點甚麼？還可以再怎麼增加內容？可以避免想要急躁著：

(2) 完美：有時因為心能接受遲過來完美成果的自己，反而會選擇用拖延延來避免呈現不夠完美的結果。一張不夠完美的心智圖放在面前，就自動會產生念頭：「別忘了還沒完成喔。」就算現在不完美，但只要我願意動手繼續畫下去，

(3) 被動：只要想到別人做好再來模仿複製就好。因別人做好的，這張圖終究會呈現出別人的成果而已。因心智圖是呈現個人腦中的邏輯架構與自己的思考脈絡，如果一模一樣的心智圖，一定是來自於抄襲的。不可能有兩個人畫出一模一樣的心智圖，如

第二种跳读

三分之一

三分之二

述些框架常是來自於累積過去生活經驗所建構而成的，我想要 A，看大家又說 B 不行，於是我就選了 C。長此以往

行，所以往下……情時，就會直覺反應要選 C 才行。

回想看看。我們過程的事物時……
想，是因為家長要你去念？或是父母希望你去念？你是為什麼好像老是不行？或是念大學好像不行？再更深一層

閃，發現自己的想法是怎麼來的？……電光火石間，念頭一

有時，在某個時刻，你發現自己的思緒好像
停地回到原點。很難有往前推進一步的方向，於是迷惑了？總是不斷地兜著圈子，不
上的毛線團一般，打不開案多的刺結點，也找不到線頭與線尾。只能隨手一扔，算
了，以後再說。這些僵局，讓大腦像當機一樣地卡住了，應有的腦能力就無法發揮。

要追蹤自己分分秒秒的思緒脈絡不容易。但可以做到的。只要用心智圖來記錄
自己的每一個瞬間微小念頭，看著這些思緒的脈絡，就很容易找出混亂的原點，打開思
考的僵局。

想要釋放大腦潛能，必先發現思考的盲點。
態、不良過程、不良目的。

不良心態關閉了你的大腦潛能

這裡所說的不良，總和了錯誤、不明確、不佳的意思。

(1) 應付：每個人心中都有一把尺，知道甚麼是 100 分效果，甚麼是 0 分效果，刻意選擇 60 分當成自己……心智圖很容易產生甚麼？還可以再怎麼增加內容？可以避免想要急躁著：「想要再加點甚麼？還可以再

(2) 完美：有時因為心能接受遲過來完美成果的自己，反而會選擇用拖延混的心態。一張不夠完美的心智圖放在面前，就自動會產生念頭：「別忘了還沒完成喔。」就算現在不完美，但只要我願意動手繼續畫下去，

(3) 被動：只要想到別人做好再來模仿複製就好。因別人做好的，等別人做好的成果來。因心智圖是呈現個人腦中的邏輯架構與自己有的話，一定是來自於抄襲的。

步骤三 只看关键词

步骤三，是完成步骤二的"跳读"之后再做一次阅读，但这次只看刚刚步骤二所圈选出来的关键词，没有被圈选的文字通通不看。

初学者在这个阶段常会很恐慌地想："我刚刚圈选的关键词这么少，肯定是漏掉很多重点。"于是偷偷地重复步骤二，或是一个字一个字慢慢看。如果你真的很害怕自己会遗漏重点，而且会一直偷偷地回到旧有的习惯，请再阅读一次第79页"启动高速的心理模式"部分。

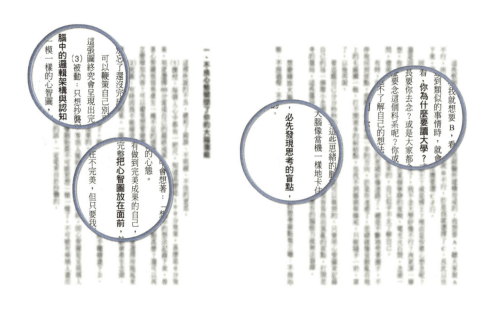

只看关键词

主题阅读（比较式阅读）

我最喜欢进行主题阅读了！因为这带给我最大的知识收获！

主题阅读是针对同一个主题，一次至少阅读三本以上的书籍，分析这些书的重点与架构，并比较各书中的大同小异之处，所以也叫作"比较式阅读"。

进行主题阅读时，势必得运用到本章前面提过的基础阅读、检视阅读、分析阅读的能力，主题阅读常用于制作这三类素材：报告、论文、专题研究！

别忘了前面章节提过"确定阅读目的"的重要性。首先要决定一个主题，再决定这个主题的范围大小，例如："阅读法"的范围大于"速读法"的范围，如果我现在只要知道"速读法"，就必须从大量谈论"阅读法"的书籍中去"取""舍"。

先以前面第78页"书籍的阅读"的方式进行，因为我已经锁定某个主题与某个范围，若我想了解速读法，而目前手上刚好有一本讲阅读法的书，我会先就目录进行影像阅读。浏览目录后，明白该书中只有一个章节提及速读法，那么这本书中的其他章节，我会运用"跳读"。有些书的作者不一定会将速读法独立出来写成一个章节，而是会在书中的某个段落提到速读法。为了避免遗漏，我一样会进行整本书的影像阅读。

用这样的方式，可能从二三十本书中，先筛选出我想阅读的七八本书。精选出符合阅读目的与主题的书后，再开始进行第94页"文章的阅读"。

1. 提醒一：作为初学者，前两个步骤务必分开进行

已经成为一个影像阅读高手时，你会同时进行步骤一"浏览（检视阅读）"与步骤二"找关键词（分析阅读）"。但是还在初学者阶段时，请务必将两个步骤分开进行。

进行影像阅读有没有进步的评估标准，是平均每分钟阅读几个字的"阅读速度"以及有百分之几的"阅读理解准确率"，不是看阅读的"时间总量"（毕竟文章有长有短）。即使你进行了两个步骤，但仍会比过去进行一个步骤的阅读速度更快、理解准确率更高。

别忘了80/20法则，不要花费时间去阅读（对你来说）不重要的段落与文字，要严肃看待你的时间，时间要花费在能够增长知识与能力的地方。所以进行主题阅读时，绝对不能省略步骤一哦！学习影像阅读的初学者最容易犯的错误就是心急求快，急着想将"浏览"与"找关键词"合并成一个步骤，这样一来，你在找关键词时会更容易浪费时间在不应该阅读的段落与文字上，从而增加很多的阅读时间。

2. 提醒二：主题阅读不需要整理全书内容和了解写作目的

我相信很多人家里总有一些用不到的东西，有些东西甚至已经放了10年都没用过，但我们总很担心万一哪天会用到，而一直将这些东西囤积在家中，因此家中杂物变得很多。有些初学者也会有这种囤积心态，例如一本书有6万字，我只看1万字，其他5万字不看好可惜哦！但是进行主题阅读时，不需要整理整本书的内容，也没有必要去理解作者的写作目的，不管这5万字对作者或是对其他读者而言是不是宝物，对你而言，就是杂物！

3. 提醒三：运用分析阅读的能力，超越分析阅读的目的

本书的第四章到第六章，会分别就不同类型的书，教大家如何进行"分析阅读"，得让自己用"无我"的态度去面对眼前的书，尽可能地去理解与体会作者在整本书中写出的思考脉络与知识。

但"主题阅读"则相反，虽然需要运用"分析阅读"的能力，但要超越"分析阅读"的目的，所有的"分析阅读"都是为了让眼前的书来配合我们的阅读目的，要让作者的强项来服务我们，来弥补我们的不足之处，来帮助我们解决我们的疑问或困难。

4. 提醒四：不断进行"解构"与"再建构"

在"主题阅读"的过程中会不断地进行"解构"与"再建构"，所以我们要做到下列几点：

（1）要"换句话说"，不要"复制粘贴"

理解作者对某些概念的定义后，要用"换句话说"的方式，以自己的用语来表达作者的想法。千万不要当复印机，不要只是在自己的大脑中将作者的想法"复制粘贴"。例如，"君权神授"是古代以宗教主导政治的时期，君主为了巩固自己的权力而提倡的一种说法。我们可以理解成"君权神授"的背景环境，是宗教凌驾于政治之上。

（2）用自己的方式重新建构

打破作者所建构的思路与思考架构，用自己的方式重新建构。例如，"君权神授"想解决的"困难"是如何巩固君主的权力，想达成的"结果"是增加君主权力的正当性。

（3）反向推敲作者的认知

从作者对某事物的观点中，往回逆推出作者的认知。例如，"君权神授"这句话背后的认知是个人对宗教的高度服从性。如果没有对宗教的服从，就没有君权神授的必要。

有时作者是解读前人的论述，例如孔子从自己的思想理念为出发点，为《易经》写了十篇注释，称为《十翼》。阅读时我会想办法找出作者引用或解读的完整原文，去看清楚作者背后的认知与理念。

（4）客观面对具有争议性的主题

针对自古至今总是争论不断的主题，可运用黑格尔的辩证法，反复进行"正反合"的思辨。不要死守自己的"正"，不是当每一个作者的应声虫或是挑剔鬼，只看跟自己想法相同或不同的书籍、文章，而是尽量透过理性及站在客观的立场，尽可能毫无偏见地去整理出所有的"反"，再靠自身的归纳能力找出自己观点的"合"。

有些真理很不容易越辩越明，世世代代就这么一直辩论下去，即使我们找不到"合"，也要想办法将各种作者的回答进行分类整理。

（5）"没有"完成的时刻

主题阅读（比较式阅读）"没有"完成的那一刻。

十年前，我开始对"如何避免犯错"产生兴趣。十年来我陆陆续续找到一些书籍吻合这项目标，在此罗列几本如下，书名后面的文字是我对这本书的简略说明。

- 《正义：一场思辨之旅》：找出正义的定义，帮助你找出你对正义的认知。
- 《钱买不到的东西：金钱与正义的攻防》：避免在正义准则上犯错、如何选择符合正义的人生准则。
- 《房间里最有智慧的人》：如何避免被自己的信念 / 人性 / 直觉欺骗。
- 《为什么你没看见大猩猩》：如何避免被自己的信念 / 人性 / 直觉欺骗。
- 《让你荷包失血的思考谬误》：在做出关于金钱的决定时如何避免被自己的信念 / 人性 / 直觉欺骗。
- 《老虎、蛇和牧羊人的背后》：信息选择上如何避免被自己的信念 / 人性 / 直觉欺骗。

- 《黑白假说：看穿伪科学的19个思考实验》：信息选择上如何避免被自己的信念／人性／直觉欺骗。

- 《网络让我们变笨？数字科技正在改变我们的大脑、思考与阅读行为》：信息选择与生活方式上，如何避免网络带来的思考副作用，如何避免被自己的人性／直觉欺骗。

- 《大难时代》：如何避免被自己的信念／人性／直觉欺骗，而犯下重大不可逆的错误。

- 《聪明犯错：华顿商学院教你从卓越的错误迈向成功》：因为无法避免犯错，所以要如何从错误中迈向成功。

- 《自愿被吃的猪：一个让人想破头的哲学问题》：找出自己对生活中常见事物的定义，认识与了解自己对事物的认知。

- 《第3选择：解决人生所有难题的关键思维》：决策上如何避免被自己的信念／人性／直觉欺骗。

- 《快思慢想》：如何避免被自己的人性／直觉欺骗。

- 《脑内心机》：安慰剂、催眠、虚假记忆对信念的影响、如何避免自己被信念欺骗。

有些书名，乍看之下似乎跟"避免犯错"毫无关系，若不经过影像阅读方式来挑选，这本好书就被我们错过了。这些书的内容大致上可再细分（有些书包含两三项类别，有些书则锁定一类进行探讨）：避免在正义上犯错、避免在财务上犯错、避免在决定上犯错、避免在信息收集上犯错、避免在解读信息上犯错、避免在信念上犯错、避免在直觉上犯错、避免在认知上犯错、找出犯错后所带来的礼物、如何缩小错误的范围。

　　因为我对这项主题的范围设定得很大，到目前为止，我仍然在进行"如何避免犯错"的主题阅读（比较式阅读）。[1]

---

[1] 曾在思维导图课堂中被一位年约50岁的男性问道："你会推荐我看哪些书，能帮助我做到'不管什么书都能很好地抓出重点'？"这个学员问的问题范围很大，我当时的回答是："要拥有这种能力，不是只看一两本书就可以做到，你必须阅读很多、很多、很多的书。"希望当时他没被我的回答吓到，愿意抛弃"阅读可以速成"的妄念与迷思，从现在开始逐步踏实地打地基。

四、高速阅读

"高速阅读"是以适合自己的速度，从头到尾一口气看完，速度要快、要慢，必须根据文章结构的复杂度与自己对文章领域的熟悉度来调整。再重申一次，速读高手是可以任意切换不同阅读速度的，他们并不会从头到尾固定用同一种速度阅读，要快、要慢，随心所欲。

 阅读速度随心所欲

假设，我现在阅读速度已经可以达到3000字／分，在阅读一篇文章时（不管是步骤一的浏览，还是步骤二的抓关键词），可能在第一段阅读速度是3000字／分，第二段与第三段是1000字／分，第四段是3000字／分，第五段及最后一段是3000字／分。若是阅读一本书，跟阅读文章的道理是一样的，你只要把刚刚的"段"换成"章""节"即可。

你应该会想问我，我怎么知道我要看快一点还是慢一点？如果要看快一点，多快才可以？如果要看慢一点，多慢才可以？这些问题的答案需要你花一些时间去练习才能做到快速判断与切换自如。

1. 可加速的段落

一般来说，在这些段落上可以看快一点：

（1）在影像阅读时，觉得某部分的章节、段落并非自己想要的，或是对自己来说并不重要，就可以加速阅读，或是略读（跳读）。

（2）在浏览阶段时发现内容是自己早就已经会了，或是对目前的自己来说是很简单的部分，就要加速阅读，或是略读（跳读）。

（3）在步骤一浏览阶段时阅读过的章节、段落，判断不是很重要的地方，在步骤二抓关键字时就可以加速阅读。

2. 可降速的段落

不管你是在哪个阅读步骤，都要放心大胆地交给你的直觉来判断速度的快慢，不要用慢速的表意识来压抑快速的潜意识。假设出现这种心理时，就可以降低速度：

（1）觉得某些章节、段落的内容对自己而言属于陌生领域，或是充满艰深的名词与用语。

（2）觉得某部分的内容结构很复杂。

（3）觉得想多了解一点，或是可能有自己需要更深入去知道的章节、段落。

刚开始，初学者因为影像式阅读的习惯尚未完全建立，在进行高速阅读时，一定会不自觉地越看越慢，很容易回到固有的慢速阅读的不良习惯。建议你还未形成影像阅读习惯时，可以使用定时器来控制自己的阅读速度。不良阅读习惯之一是"遇到看不懂的地方就停下来想一想"，这一个动作在高速阅读时千万不要出现哦！高速阅读是要一口气，不停歇、不间断地从头读到尾。只要你是在精神高度集中的状态下，一定能高速阅读完一本书的。

多年前，网购的书上午送到办公室，我利用午休时间打开一本约220页的书进行高速阅读，不到15分钟就读完了。我当时的同事非常惊讶，她用极度惊恐的表情问我："你已经读完了？"我："对啊，我已经一口气读完了。"她："书里面在讲什么？"我："书中写的是……"

这种"奇迹"在速读高手中很常见哦，当年初学影像阅读法的我是个不相信奇迹的人，总以为这些速读高手的例子不是神话就是魔术，当自己做到时，才发现这一切都是可能的，没有骗人哦！

高速阅读

从头开始看

一口气从头读到尾不停歇、不间断

速度可以快，也可以慢

在精神高度集中的状态下一定能高速阅读完一本书

熟练后的步骤

我每每要求初学者试着进行步骤一"浏览——超阅读"时，总会看到一种不信任、很勉强的眼神与表情，有些人会很直接地告诉我："你在开玩笑吗？一本书不用全部读完，就能掌握全部的内容？"

稍稍感受到影像阅读威力的人，有时也会不解地问我："我们可以一本书一口气地用'高速阅读'读完，也可以挑出需要阅读的章节进行'浏览——超阅读'，哪一个方法比较好呢？"

我先说明一下，"高速阅读"跟步骤一"浏览——超阅读（检视阅读）"的不同：高速阅读是从头到尾，以忽快忽慢的速度，每一个字都看过去，就像你在水上乐园的滑水道上，一会儿急速奔驰，一会儿平缓前行，但是你必须从头到尾一口气完成。

"浏览——超阅读"是站在制高点，以综览全局的方式进行一本书的阅读，就像你搭乘直升机俯瞰台北城市风景一样，你不会去看微小的细节。直升机在高空飞行时，是不会忽快忽慢的，你只会看到几个大的地标所在位置，例如101大楼、圆山饭店、美丽华摩天轮、木栅与内湖焚化炉烟囱、阳明山、捷运淡水线高架轨道等等。你不需要细看台北市的每一个角落，你只要找到这些地标就足以证明你人正在台北市。

"高速阅读"跟"浏览——超阅读"并无高低差异，就像你是走高架高速公路或是平面高速公路，都能抵达你期望的目的地。

如果你是影像阅读的初学者，你真的很害怕、感到很强烈地不安，不敢进行"浏览——超阅读"的话，那么你就先从高速阅读开始吧。

我们每个人的背景知识不一样、阅读习惯不一样，面对不同领域的图书，建议你要多方尝试，找到适合你自己的阅读模式，别忘了，只要比原来的阅读速度快2到4倍，对你来说就是速读的方法。

我个人在阅读一些纯休闲、打发时间用的书时，例如散文、小说，常用"高速阅读"。阅读研究报告或从研究报告演变成让普罗大众阅读的商业企管类或社会科学类的书时，我常用"浏览——超阅读"。阅读科普类或给一般大众看的哲学书时，我则会将"高速阅读"和"浏览——超阅读"混着用。

浏览——超阅读

站在制高点，以综览全局的方式进行一本书的阅读

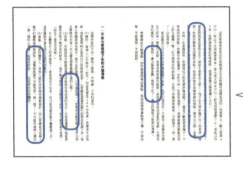

跳读：找到有兴趣或符合阅读目的的地方

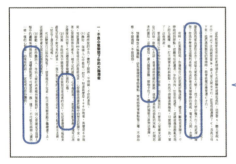

阅读有兴趣或符合阅读目的的地方

精熟后的步骤

噔噔！影像阅读高手的阅读情况，终于登场了！

影像阅读高手因为已经熟悉各种类型的书，也找到多种适合自己的阅读技巧，他会随意地搭配组合，并不会固定使用某一招，能做到"兵来将挡、见招拆招"的水平。

假设我要阅读一本谈论职场的理论性书，说明"精熟后的步骤"我可能会怎么做，以下共有5种组合（并不代表每次都固定用一种组合）。

第一种组合

启动高速的心理模式

↓

调整眼睛焦距

↓

把整页画面摄入脑中

↓

翻页时维持稳定状态

↓

结束时的自我肯定

↓

对头脑发问

书的阅读

↓

浏览：超阅读

↓

找关键词：跳读

第一种跳读
第二种跳读

↓

只看关键词

文章的阅读

第二种组合

书的阅读

启动高速的心理模式

↓

调整眼睛焦距

↓

把整页画面摄入脑中

↓

翻页时维持稳定状态

↓

结束时的自我肯定

↓

对头脑发问

文章的阅读

浏览：超阅读

↓

找关键词：跳读

第一种跳读
第二种跳读

只看关键词

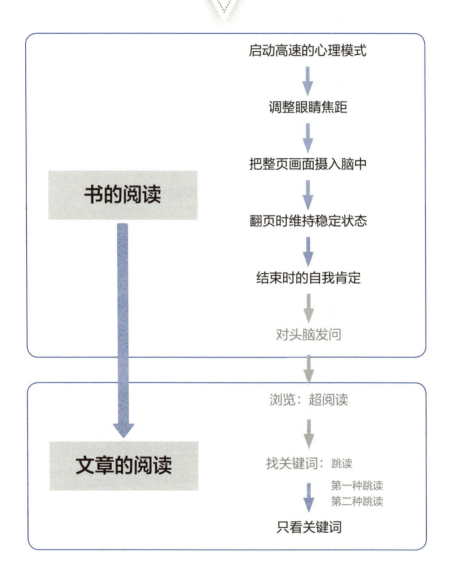

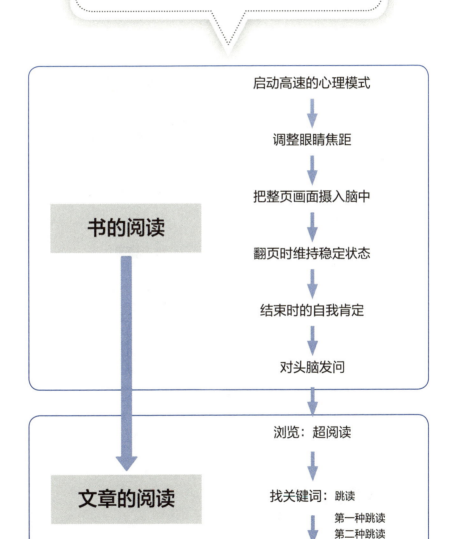

第四种组合

书的阅读

启动高速的心理模式

调整眼睛焦距

把整页画面摄入脑中

翻页时维持稳定状态

结束时的自我肯定

对头脑发问

文章的阅读

浏览：超阅读

找关键词：跳读

第一种跳读
第二种跳读

只看关键词

找关键字：跳读、第一种跳读、第二种跳读，这三种方式以其中一种进行。

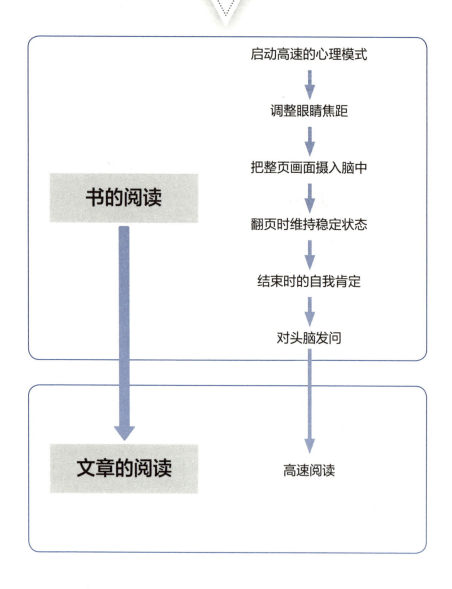

五、思维导图活化与整合

　　大部分的人在阅读后，因为大脑一下子涌入大量的关键词，会顿时处于大脑宕机状态，整个头脑昏昏的、记忆好像糊掉了，完全想不出、也说不出刚刚到底看到了什么，就认定自己什么都没有看到，此时我们需要透过"刻意的活化"来帮助大脑，整理刚刚大量接收进来的信息。

　　之前说到，做笔记可帮助我们更深地理解所阅读的素材，但我们在影像阅读后不要用传统的条列式笔记，改用思维导图则更能深层地活化大脑。

　　绘制思维导图的基本原则是：

　　（1）纸张横放，由中央开始画线，线条呈放射状。

　　（2）同一条脉络从头到尾用同一种颜色，开头处要粗一点，后面保持细节即可。

　　（3）要写关键词、不可写句子，文字要写在线条上。

　　如果你想对思维导图有更深的了解，欢迎大家阅读我的著作：

- 《我的第一本思维导图入门书》
- 《思维导图阅读法》
- 《思维导图：创意高手的超强思考工具》

> •《思维导图笔记整理术》

大部分的人，会认为我说不出来，就表示我什么都没吸收到，这是错误的观念。

别忘了我之前说过，"我知道我在做什么"是"表意识"，相反的部分就是"潜意识"的领域，所以需要透过思维导图这个动作，把刚刚潜意识所捕捉到的关键词，让它们从表意识显现出来。

文字内容输入头脑后，大脑神经联结已经建立了，思维导图可以活化、重制，甚至加强这段联结，好让表意识可以回想出内容。每回想一次刚刚你阅读到了什么，大脑都能加强一次神经联结，这就加深了我们对于内容的记忆。

这一切都是发生在你脑内，要靠我的文字叙述去理解大脑内的变化是不可能的，你必须亲身去体验整个影像阅读法与思维导图活化技巧。

如果你已经学习过思维导图，提醒你一下，这里我教的思维导图绘制顺序是为了要搭配影像阅读法使用，顺序会跟你以前绘制的不一样。

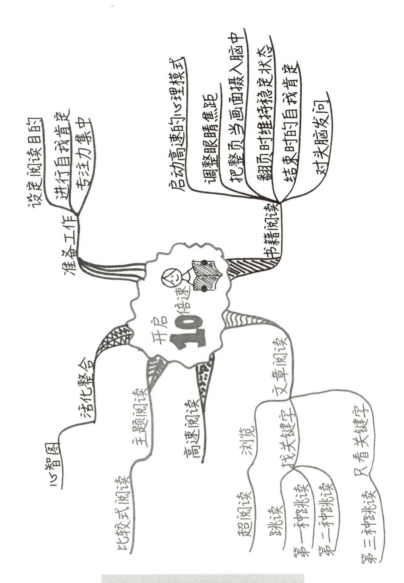

开启10倍速阅读

由右上角以顺时钟方向阅读

步骤四 活化信息——制作思维导图

　　一般初学者在进行影像阅读后，总是无法完整回忆出方才所阅读的内容，便会有一种强烈挫折感，以为自己什么都没有阅读到。其实，我们还需要做好活化脑中信息的动作，才能渐渐让脑中所吸收的信息变得鲜明与完整。

　　这里的"步骤四"是接续着108页"文章的阅读"的"步骤三"而来，以下图文配合一起说明制作方法。

1

　　在阅读之后合上书本，不能看文章，你觉得刚刚那篇文章应该定什么样的主题，将主题先写在纸张的正中央位置。如果暂时没有想法也没有关系，可以先留下一个空白的位置，等一下再补上。

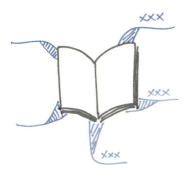

刚刚那篇文章有几个主要的大重点，就直接画出主脉、写下关键词，几个重点就画几条主脉。

如果知道有重点，但不知该用什么词语，或是忘了重点是什么，请先画上一条空脉提醒自己晚点补上。

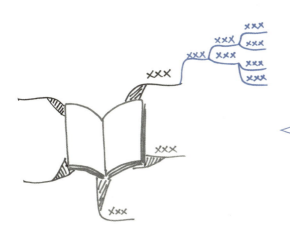

看着主脉上的文字（主要大重点），想一想有什么次要的重点值得写下来，想到什么就先写。依然不可以边看书边画思维导图，因为我们要"刻意活化"来帮助大脑整理刚刚大量接收进来的信息。

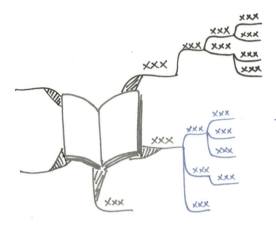

4 如前所述，因为遗忘而无法写下的文字，我们先画一条空脉来提醒自己晚点补上。

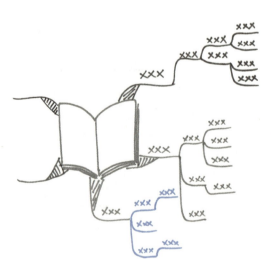

5 能写多少文字，就先写多少文字，文字量不是本阶段的焦点，重点是自己的理解程度，而不是背诵程度。千万要忍住，不要偷偷翻开书来抄写。

确定自己再也想不出该写下什么，或是确定自己该画的脉络都画了，就可进行下一个步骤。

如果能顺利写完全部的内容（如下页图7），恭喜你，你很厉害！

但是初学影像阅读的人，通常不会在第一次就做得这么顺利的。

你可能会像第133页的图2一样，仅能写出一部分的内容，而忘了另一部分内容，但是你知道总共就这几条主脉，表示你"理解"到共有这几个主要大重点，虽然你没有把它们"背诵"下来，但是你已经做到阅读理解了。

步骤五　补充信息——补充思维导图

现在，打开书本，请进行第108页"文章的阅读"的步骤三"只看关键词"。

别误会了，不是要从头到尾把内容再看一遍哦！我们只是要补齐刚刚画思维导图时遗忘的几项内容，不要又花时间把不重要的文字再看一遍。此时只要阅读之前所圈选出来的关键词即可，阅读速度请保持跟之前一样，不要刻意放慢速度，也不要刻意背诵文字。

即使以上动作看似我们阅读了一本书好几次，但别忽略了，我们总共的阅读时间会比你用传统的阅读方式来得更短，吸收到的内容却更多。

曾有学生问我："看书速度确实变快了，但是画思维导图时很慢，我能不能不要画思维导图呢？"

我反问他："那你要如何知道自己吸收了多少呢？"他说："我能不能只在脑海中回想就好，不要动手画出来呢？"

我回答说："光靠在脑海中回想，多数人无法得知自己的吸收程

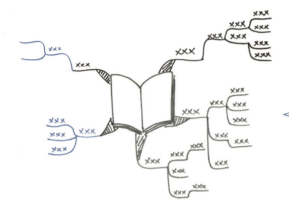

6

看完一遍之后，把书再次合上，将空脉上的文字补齐。假设思维导图还有一些空脉无法填写完整，就重复刚刚的动作，打开书本只看相关段落的"关键词"。

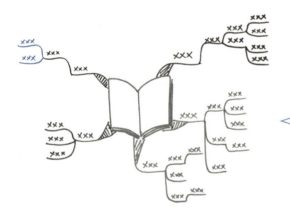

7

就算是最后无法全部填写完整也没有关系，但是千万要忍住想边读边填思维导图的欲望。勇敢地跨出自己的舒适圈吧。

度如何，会因为自己想不完整或是想不出来，就以为自己什么也没吸收到。如果你已经是影像阅读高手了，我相信你可以只在脑中回想就好，但若还不是高手的时候，还是老老实实地扎稳脚步，不要心急求便。"

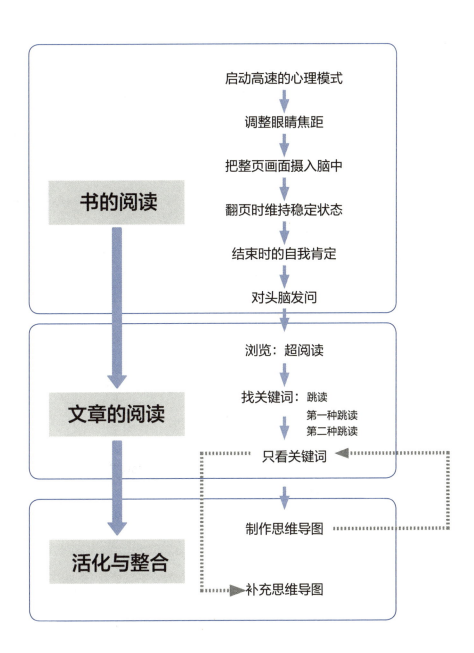

第 **4** 章

文科书的阅读

- 历史
- 文学
- 抒情文、唐诗、新诗
- 虚构小说、言情小说
- 传记文学、传记小说
- 社会科学
- 杂志书、文摘、懒人包
- 哲学
- 宗教、神学
- 合约书

胡适曾写过的一篇关于读书的文章里提到读书的方法有两个要素：精、博。精，是指精读，要看、念、提问、思考、写笔记。博，是指广博，什么都要读，读书多了，容易触类旁通、举一反三。这是为了"获得信息而读"。

回顾过去三十多年，我接触过大大小小学霸、聪明人、机灵人，通过观察我得出一个结论：

"学习效果好不好，一半是老师的努力，另一半是学生的努力。"努力让自己去适应各种不同的老师，就是负责任的学生。这是为了"增进理解而读"。

从第四章开始，我从不同知识领域的角度来告诉大家"如何判断重点会落在哪些段落""如何掌握作者的思考脉络"。

你就把作者想象成老师，每个老师有自己习惯的教学方式，每个老师要求学生得加强的项目不同，同样是作文老师，某作文老师要求内容的深度与广度要有新意，另一个作文老师可能要求用字遣词的华美要更进一步。

同样是大学数学老师，某数学老师要求学生背下所有公式以加快计算过程，另一个数学老师可能觉得计算的快慢不重要。

同样是教导造句的写作老师，某写作老师可能接受学生仿写例句，另一个写作老师可能觉得仿写、改写是低层次的创意，而要求学生不能这么做。

了解作者的思维模式，就像了解老师的授课模式；了解作者的写作理念，就像了解老师的授课理念。先知道这些，能帮助我们更快进入一本书的指导。

除了步骤一"浏览"之外，进行步骤二"找关键词"时，阅读这类书籍，一定要"在书上做笔记"！

好啦好啦！别急着抗议。我知道有爱书人跟以前的我一样，舍不得在书上做任何注记，只想让一本书干净到好像从来没人翻过一样，而且这种"爱书本"的爱书人，比例还挺高的。

我希望你能跟我一样，从表面的"爱书本的人"，变成真正的"爱书本内容的人"。

自从15年前读过一篇科学研究，知道一个（过去我不想承认的）事实——书上注记越少，脑中留下的内容越少后，我开始积极地运用我的动觉记忆，来帮助我记住一本书的内容。

毕竟95%的书，在我第一次阅读完毕后，就再也不需要从第一页翻到最后一页。若这本书的内容对我来说，日后需要再进行第二次阅读，书本很干净对我一点好处都没有：有了注记才能帮我在第二次阅读时更快找到重点所在，节省日后复习的时间。

若这本书的内容对我来说，日后根本不需要再阅读了，这本书实际上跟我一点关系都没有了，书页干不干净已经是一件没有意义的事情。买二手书的人，都不喜欢买到画了重点的书，因为不想被前一位读者的标记影响了自己的阅读。故想贩卖二手书的读者，肯定会反对在书上画重点。但我们买书的主要目的，应该不是为了卖二手书吧？为了卖二手书取得好价钱，就勉强自己用低效率的阅读方法与笔记方法，这不是本末倒置吗？我也卖过二手书，不管你的书维持得再好，二手书商的收购价都很低，低到让人觉得干脆捐赠算了。如果你为了卖好一点的价钱而改在网络上自己贩卖二手书，你又得花费时间去处理，还是得不偿失。人生过得简单一点，你会自由很多。买书的目的是要吸收书中内容，吸收完毕，这本书就得功成身退，我会直接邮寄到乡镇图书馆捐赠（你也可以直接拿到任何一间住家附近的图书馆），不会为这本对我来说已经利用殆尽的书，再花费格外的时间去处理它。

以下的方式，都算是在书上做笔记：

- 关键字词、关键句旁边画线。
- 圈选关键字词、关键句。
- 重要段落上画上☆、夹书签、贴标签纸。
- 相同观点用相同的符号——假设类似的观点在其他页数也出现过，都用一样的注记方式，例如△※◎＃。
- 看不太懂、需要搜寻更多资料的地方先画上问号。
- 以数字标记发展顺序。

写文字笔记，有一个很关键的想法——写下的内容是给未来的我阅读的。所以，不要自找麻烦。我不建议在书上空白处书写文字，这样会耗掉太多阅读时间，也让文字笔记散落在书本各页中，这会增加日后复习时整合信息的复杂度。

进行影像阅读时，请留到活化阶段时再书写文字笔记，我们需运用思维导图来加速记笔记速度、提升笔记效果，方法请参考前面第129页开始的"思维导图活化与整合"单元。

历史

历史，以时代为中心，讲述在某个特定的时间、地点，发生了特定的事件。这不就是在讲过去发生的一个故事吗？所以就用人、事、时、地、物、因、果的概念去抓重点就好啦。不不不！事情没这么简单！陈述历史，著作者绝对会带个人解读、评价在里面。

描述一

凯文的大儿媳妇在楼上挤奶，二儿媳妇在厨房里拖地，凯文对客人说："大儿媳妇一回来就跑到楼上去没有下来。二儿媳妇一回来就拖地。"

请问你是客人，你会怎么想？如果凯文是这样对客人说："大儿媳妇还在喂奶，一回来就要赶紧去楼上挤奶。二儿媳妇很爱干净，一回来就先拖地。"请问你是客人，你会怎么想？凯文的两种说法，都是事实，但哪一个更接近真相？

看一本历史书，跟看一则新闻事件一样，我们并不在事件现场，我们不知道作者用什么样的原则、立场、心态去拣选露出了哪些部分、删掉了哪些部分。所以，我们绝对会无形中吸收作者的个人见解，所以历史书绝对是一本论点式的书籍。

描述二

凯文的大儿媳妇打开家门，连包包都来不及放下，急急忙忙地换上室内鞋，飞奔赶往楼上，关上房门后，独自一人挤奶，因为是第一胎，手脚不熟练，乳腺也不够畅通，挤奶必须耗费四五十分钟，挤到手酸却只能挤出20毫升的奶。与此同时，凯文的二儿媳妇一回到家后，缓步地走向房间，换好衣服、绑上马尾后，就径直地走向后阳台，拿起了拖把，先从客厅开始，不发一语地慢慢拖着地。二儿媳妇在厨房里拖地时，凯文的邻居来访，凯文赶紧招呼着客人坐下，接着打开茶罐，煮上一壶热水，此时凯文对客人说："我这个大儿媳妇每天一回来，就很急着跑到楼上去，说是要挤奶，每次一挤就要很久，没有一个小时的时间是不会下来的。而我这个二儿媳妇，很爱干净，一回来就立刻去拖地，一楼的整个地板天天都让她拖得干干净净的。"

请问你是客人，你会怎么想？

历史的中心可能是某个事件或某个人、某个地点，环绕此中心所发展出的许多记录，这些记录其实都是在说故事。作者毕竟会依照某个"概念"来整理这些故事，这个"概念"就是作者对历史的解读。解读可能很明显地呈现出来，也可能很隐晦地呈现。

作者不是历史事件的当事人，搜集再多的资料，撰写历史书时，再怎么避免假想或臆测，都难免必须加一点点自己的想象力，去描述事件的起因与当事人的背后动机，如果完全不加上一点点的个人想象的话，这本历史书会很无趣。但若加入了太多的个人想象，就被归入稗官野史。

古代说书人多数喜欢讲稗官野史，而不讲正史，这样一般民众才会觉得历史故事好听，有些历史老师或文史老师，在台上或电视上讲课讲得生动有趣，正是加入了许多个人的想象。看这一类的历史书，千万要小心，不能只看一本就当成是已经了解了当时的历史，还要涉猎更多的相关著作，避免被某一种史观牵着鼻子走。

有些历史书本身就像桥下说书人，文采丰富，融入了华美的辞藻，文笔流畅，宛如阅读轻小说一样写意自然，充满戏剧性描述，牵动着读者的情感。见到这类历史书，一定要小心！小心！再小心！千万要理性看待，别被情感牵着走。

以下这段内容纯属我个人观察之后得到的想法。有时，"越多细节描述的故事越有鬼"，越可能有作者隐藏的动机在里面。这里是指超乎多数人会描写的详细的程度。[1]

有种很接近历史的文学，被称为报告文学、纪实文学，主要以真人真事为主的记叙性文学作品，结合新闻与文学，它比一般的文学更紧贴现实，但仍会带有作者主观成分在内。

若阅读目的在于了解历史，那么阅读时，必须要将作者所有的形容词描述全数删除，仅留下"××人，因为××，在××时，××

---

[1] 你千万别把这段话理解成"没有细节描述的故事肯定没有鬼"哦，那你就违反了逻辑的第一规则：若A则B，非B则非A。

地，用××物，做出××事"等基本事实即可。切勿轻信作者的形容
词，这样才不会落入作者的主观意识中。例如，请将"他依约缓步前
来""他依约不急不徐地前来""他依约脚步踌躇地前来"全部浓缩
成"他依约前来"。

　　了解到历史书一定带有作者的个人史观后，我们要多多留意史观
对理解真相的影响，我们若能多多阅读同一事件的不同史观，对过去
的理解总是好的。不管我们同不同意作者的史观，如果作者能尽可能
"查证属实"并"没有遗漏地"告诉我们确实发生过某些事情，那么
这是一本尽责的历史书。

　　你应该已经联想到了，阅读历史书时，我们必须达成阅读的第一
层次"基础阅读"跟第二层次"检视阅读"了。历史书作者有史观，
记者有个人偏好（说不定还有个人偏见）。平时阅读的报纸、社会新
闻杂志、财经杂志等描述生活中事件的文章，也可以用上述方法来进
行阅读。

　　最后，读历史的目的到底是知道有这么一回事就够了，还是要鉴
往知来，吸取教训？虽然不论古今中外，人类似乎老是重蹈覆辙，但
撰写历史书籍的当下，作者肯定是希望读者能吸取某些教训的。

　　进行文章阅读的步骤一"浏览"时，得先了解作者是以时间顺序
来描述，或是以主题式的方式来描述，可以帮助我们理解作者想透过
历史来传达什么，或是解决什么。

　　阅读完一本历史书后，却无法产生一种"知道这件事情，让我现
在可以来解决什么"的念头，没有从历史中吸取教训，那么我们就不
是一个好的读者。这个部分的探究，是阅读的第三层次"分析阅读"
跟第四层次"主题阅读"需要考虑的。

牛刀小试 1

一 王维擅长山水画，可惜他的画作已经失传，今日所见都是后人仿作。他晚年隐居蓝田辋川，曾绘有《辋川图》，现今流传的是唐代摹本，收藏在日本圣福寺。图中画一处组合式庭院，庭院背后主峰高耸，群山环抱。庭院前面河川流过，船只往来。庭院中有亭台楼阁，树木掩映。从绘画的角度来看，此图创造出超脱凡俗的意境，可谓"画中有诗"。

——七下康轩版语文，2018年

> **测验题一**
>
> 1.王维的山水画《辋川图》被喻为"画中有诗"。
>
> **请作答：** □是 □否
>
> 2.现存的王维的山水画《辋川图》真迹，被收藏在日本圣福寺。
>
> **请作答：** □是 □否
>
> 3.王维的山水画目前全部都已经失传了，如果有卖古董的人说手上有王维山水画，那么该画作一定是假的。
>
> **请作答：** □是 □否

二 公元1915年，余清芳等人以宗教名义集结抗日群众，在西来庵密谋驱逐日本人，因事机泄露，遭到台湾总督府的武装镇压，是为西来庵事件。这是日治时期规模最大、牺牲人数最多的抗日事件。西来庵事件后，汉人不再有大规模的武装抗日行动，转而以非武装的政治、社会运动方式争取自身权益。

——七下康轩版社会，2019年

测验题二

1.西来庵事件是以宗教名义进行的抗日活动。

请作答：□是 □否

2.西来庵事件后台湾汉人改用社会运动来进行抗日活动。

请作答：□是 □否

3.西来庵事件是台湾地区最大且死伤人数最多的抗日活动。

请作答：□是 □否

三 曾国藩反对太平天国排拒儒家思想的作为，以维护传统文化为号召，率领湘军与李鸿章组建的淮军共同对抗太平天国。太平天国定都天京后，发生内讧，导致力量分散。同治三年（1864年），清军攻陷天京，太平天国败亡。

太平天国之乱严重破坏长江中下游经济富庶之地，影响清朝的国力。清廷仰赖汉人官员平乱，使汉人政治地位提高、地方权力加强。平乱期间，清廷获得外国人协助，见识西方武器的精良，有助于自强运动的推展。

——八下康轩版社会，2019年

测验题三

1.曾国藩的湘军与李鸿章的淮军合作对抗太平天国。

请作答： □是 □否

2.削弱清朝国力的事件是太平天国之乱。

请作答： □是 □否

3.太平天国之乱后，汉人的地位提高。

请作答： □是 □否

四 19世纪末，台湾的樟脑曾经销售到世界各地，特别是欧洲和美国。为什么这些外国人要买台湾的樟脑呢？原来，当时有科学家发现，把樟脑和其他东西混合，可以制造出一种叫作"赛璐珞"的化学材料。赛璐珞有点像今天的塑料，经过加工后，可以应用在很多地方，比如制造乒乓球、撞球、底片等。因此，在清朝统治台湾后期，樟脑是台湾最重要的出口产品之一。

——戴宝村编《世界第一·台湾樟脑》（台湾博物馆，2009）

测验题四

1.台湾樟脑可以制作成化学原料赛璐珞，是清朝统治台湾后期时重要的出口品。

请作答： □是 □否

2.台湾樟脑主要出口地点是大陆。

请作答： □是 □否

五 19世纪时，欧洲的文学、艺术发展，主要有浪漫主义、写实主义与印象派等。

1.浪漫主义：19世纪前期欧洲文化的主流，当时知识分子质疑启蒙运动偏重理性的原则，转而强调人的情感以及崇拜英雄事迹等。

2.写实主义：工业革命以来，欧洲工业化，产生贫富差距等社会问题，引起人们思考工业社会的现实面。工业社会中的劳苦大众，成为他们关注的题材与对象。

3.印象派：画家运用光影变化，表现对景物的瞬间视觉印象或是个人的内心感受，被称为"印象派"。

——九下翰林版社会，2018年

测验题五

1.浪漫主义者会崇拜英雄事迹。

请作答： □是 □否

2.写实主义者关心劳苦大众。

请作答： □是 □否

3.印象派画家运用光影变化来表现理性的原则。

请作答： □是 □否

六 有一次，这位商人赶路口渴，在过溪时随手掬起河水饮用时，却有一股凉沁心脾、通体舒畅的感觉。仔细一瞧，水面浮着一层仿佛结冻般的东西，商人观察后，发觉是溪畔藤蔓上成熟的果实掉

落溪中所分泌出来的果胶。于是他便摘了一些果实回家，然后以布包裹着果实，一番揉洗后，果实中分泌出大量果胶，不一会儿，就凝结成"果冻"。这位商人因为经常在山区奔走，很需要消暑解渴的饮料，这种果冻就成了他的最爱。后来，他索性以女儿爱玉的名字来称呼这种消暑的圣品，并且经营起爱玉的生意。

——七下康轩版语文，2018年

测验题六

1.爱玉是一种不消暑解渴的果胶。

请作答：□是 □否

2.商人用太太的名字作为此款果胶的名字。

请作答：□是 □否

文学

身为哥伦比亚大学教授、小说家、美国教育学家，茱莉亚学院（艺术类的学院）校长的约翰·厄斯金（1879～1951），致力于古典文学的研究，他对文学名著的阅读规划被美国许多学校采用。

他强调一本有价值的书要读一次以上，第一次阅读时不会在书上画线，是要避免日后重读时受第一次的感想所影响，为了重读时能有不同的发现与启示，他会制作索引卡，第一次到最后一次阅读皆在卡上写下页码与简略的想法，这样日后要查找相关的论述时，就能很快翻到正确的页数。这是为了要满足"研究"这个阅读目的的笔记方法。

文学跟语文的关系紧密，一定要读，口读、默读，最好是精读，要揣摩情感、要鉴赏用字精妙。但是否需要像约翰·厄斯金一样，以国学家的角度去精读，就看个人喜好啰。

文学要做到主观性的描述，能讲清楚、说明白让大家理解，作者已经尽到责任了。文学家带领大家从文字进入情境，让读者投入心力到书中情境，并让读者创造出自己的心路历程，这就够了。即使眼前的内容是一本想象出来的文学书，一样可以让我们站在作者的主观性描述上，去体验我们不曾体验过的情境。

　　精读文学书时第一遍浏览可先抓出故事结构就好，第二遍阅读留意如何描写人物，第三遍阅读留意人物的对话内容、社会背景，甚至是人物的人生态度。

　　有时文学作品会用一些双关语、反讽、弦外之音等手法，展现出文字的多重意义，让文字更加丰富或是增加语言层次性，这也是阅读文学作品的乐趣。要让我们自己就像个诗人一样，去感受这部分的精妙，而不是一直使用理性逻辑去挖掘作者的论述而已。

　　文学书籍，一般只需要达到"基础阅读"跟"检视阅读"这两个层次即可，要放轻松，慢慢去享受作者的表达方式带给你的情绪波动，让自己投入作者所建构的情境中，去经历那个情境。

　　文学书籍要慢慢看，完全不适合使用影像阅读。[1]

范例

一　另一次类似的经验是在夜里，站在树影里等公交车。那条路在白天车来车往，可是在夜里静得出奇。站久了我才猛然发现头上是一棵开着香花的树，那时节是暮春，那花是乳白色须状的花，我好像在什么地方听过它叫马缨花。

　　　　　　　　　　　　　　　　——七下康轩版语文，2018年

---

[1] 想研究文学的读者，可以参考此书：［英］泰瑞·伊格顿《如何阅读文学》（商周出版社，2014）

二　印度"泰姬陵"的故事正是个有趣的例子。伊斯兰艺术的特色之一，是华丽繁复、令人目眩神迷的构图；而伊斯兰建筑最讲究的，就是严谨工整的对称之美。三个多世纪前，信奉伊斯兰教的印度蒙兀儿皇帝沙加汗，决心为他难产而死的爱妃蒙泰兹建造一座举世无双、华美壮丽的陵寝。设计时当然从内到外巨细靡遗，无一处不是完美的对称。不料这座耗资过巨的爱之杰作弄得民穷财尽，沙加汗被篡位的亲生儿子囚禁起来，抑郁以终；原先想为自己另建一座黑色大理石陵寝，与泰姬陵遥相对应的美梦也碎了。其实对称并不一定就美。就像太完好无瑕如蜡像的脸孔是乏味的，有时左右不太对称的脸反而更有魅力，至今还觉得《乱世佳人》里的费雯丽是她那一辈女星里最美的，我尤其喜欢她那两道高低长短不一的柳眉：每当她高高挑起右边的眉毛，无论是表示挑逗或挑衅，都显得特别有个性而迷人，哪是庸脂俗粉整齐划一的眉毛能比的呢？

——九下康轩版语文，2018年

三　不要习惯了这个世界远处的灾难与报道，如果我们不断漠视、麻木，不去反对这些不公，不去拒绝那些不义，这个世界会不会就渐渐忘了什么是对的？那些战火下的牺牲者、还来不及长大的小孩，他们的哭泣，我们听见了吗？

——Abby《战火之下，加萨孩子们的哭泣，你听到了吗？》

（女人迷网站，2014）

抒情文、唐诗、新诗

抒情文跟文学类文章一样，完全不适合进行影像阅读。请放慢阅读速度，让自己透过作者的文字，去经历一次作者所经历的情感流动。

诗，有语言律动上的变化，得一字字口读念出来、心读念出来，才能感受到律动美感，当然也不适合影像阅读啰。

如果阅读完毕后，无法抓出作者的故事主轴，那表示我们阅读的深入度还不够。要抓出此类的故事主轴很简单，只要掌握"人、事、时、地、物、因、果"，进行"基础阅读"跟"检视阅读"这两个层次即可。

范例

一念中学时到了杭州，杭州有一处名胜满觉垄，一座小小山坞，全是桂花，花开时那才是香闻十里。我们秋季远足，一定去满觉垄赏桂花。我们边走边摇，桂花飘落如雨，地上不见泥土，铺满桂花，踩在地上软绵绵的，心中有点不忍。这大概就是母亲所说的"金沙铺地，西方极乐世界"吧。我回家时总捧一大袋桂花回来给母亲，可是母亲常常说："杭州的桂花再香，还是比不得家乡旧宅院子里的金桂。"

——琦君《桂花雨》

二 铃声一响，顿时人影错杂，奔往不同方向，但是在那么多穿梭纷乱的人群里，我无比清楚地看着自己孩子的身影就好像在一百个婴儿同时哭声大作时，你仍旧能够准确听出自己那一个的位置。华安背着一个五颜六色的书包往前走，但是他不断地回头，好像穿越一条无边无际的时空长河，他的视线和我凝望的眼光隔空交会。我看着他瘦小的背影消失在门里。

——龙应台《目送》

三 水边渡口，淡黄的芦苇和白色的苹花在秋风下摆动着，堤畔滩头，绿色杨柳和粉红蓼花相互辉映，虽然没有舍命的至交，但却不乏毫无心机的沙鸥、白鹭长相为伴，在水天一色、秋色无边的江面上，看斑斑点点白鹭与沙鸥轻掠而过，倒也富有趣味，烟波江上目不识丁的钓鱼老翁，傲气十足地轻视人间的达官显贵。

——白朴《沉醉东风·渔父词》

四 西方人把对旅行的渴望，开玩笑形容为"被旅行虫咬了一口（to be bitten by a traveling）"，旅行就像一种难以遏止的奇痒，让人忍不住去抓挠，但愈抓愈痒，实在是对于爱上旅行一种很传神的描述。旅行的经验，提醒我旅行过程当中，那些对于我们来说无比新奇、独特的事件、场景，可能都只是当地人稀松平常的例行生活细节而已。很少旅行的人，难免会误以为我们的生活平凡无趣，而出远门的所见所闻，都是举世无双、独一无二的稀奇体验。这时候只要不断去旅行，看得越多，对于日常生活的滋味、体会也就愈深，发现原来我们觉得如此独特的，是别人的开门七件事。我们觉得稀松平常百无聊赖的柴米油盐酱醋茶，竟然可以是别人拍案叫绝的妙事。于是，走得愈远、看得愈多，我们就变得愈懂得谦卑，也愈能够欣赏品尝日常生活的况味，一辈子永远不会有无聊的时刻。

——褚士莹《我们都被旅行虫咬了一口》

五 有位爱猫的朋友，手上伤痕累累，全是宠猫的利爪抓的。我不养宠物，对猫狗完全外行，乃懵懂问曰："听说人们养了猫都送给兽医动手术，把猫爪拔掉？"她叹口气说："是啊，可是猫没有了爪子，不能爬树、不能做很多事情，那还成了什么猫呢？我宁可让它抓、让它刮家具，也不忍心拔了它的指甲。"我听了悚然而惊，更是为许许多多所谓的爱猫之人愧怍得伏首无语。

爱一个对象，就要去改变他原来的面目、使他变得无能无用、使他像标本一般供养在眼前、使他不再是一个鲜活扑跃的生命，如此才好百分之百地独占他，还要说是为了他好——这是多可怕的爱！

——李黎《折羽》

六 习惯的影响十分有力！脚原本踩在平地，不能够适应洼地，但时间久了，踩在洼地就会像踩在平地一样平坦。等到把洼坑复原成原来的样子，却反而觉得阻滞不顺、庸人自扰。所以学习最重要的是开始。

——九下康轩版语文，2018年

七 早晨开窗就好比是"骨牌效应"的第一张牌一样，一旦呼吸到新鲜空气，让身心焕然一新，就可以让这一天有个美好的开始。打开窗户、排出晦气之后，第二个动作是照着镜子对自己说一声"早安"。说早安的时候，一定要记得面带微笑，因为对你来说，这是你今天的第一声招呼，而你自己正是打招呼的第一个对象。如果第一声招呼随随便便，一定会影响到之后的一整天。单单这两个动作就足以改变你一早的心情，改变你一天的生活，改变你的人际关系。

——佐藤传《幸福的好习惯》（原点，2013）

八 今天，我关注女性权益和女童教育，因为她们承受的苦难最多。曾经，女性活动家要求男性为她们争取权益，但这次我们会自己争取权益。我不是在告诉男性无须再为女性权益发声了，我是在关注女性的自主独立和为她们抗争。那么，亲爱的姐妹兄弟们，现在是为自己说话的时候了。今天，我们呼吁世界各国领袖改变他们的政策方针以支持和平与繁荣；我们呼吁各国领袖所有协议必须保护女性与儿童的权益，违背妇女权益的协议是不可接受的；我们呼吁所有政府确保每一位儿童能接受免费和义务的教育；我们呼吁所有政府对抗恐怖主义与暴力，保护儿童让他们免于暴行与伤害；我们呼吁先进国家支持并扩展女童在发展中国家接受教育的机会；我们呼吁所有小区心怀宽容、拒绝基于种姓、教义、派系、肤色、宗教或议程的偏见，确保女性的自由和平等，让她们茁壮成长。我们之中的一半人遭到阻碍时，我们是无法彻底取得成功的。我们呼吁处在世界各地的姐妹勇敢起来，去拥抱她们内心的力量，去实现她们的最大潜能。

——《马拉拉于联合国演讲文》

虚构小说、言情小说

尚未达到文学等级的虚构小说、言情小说的阅读目的都是为了娱乐、情绪抒发，我个人极不愿意花"长时间"去看一本这类的小说。所以，我一定是运用10倍速影像阅读法来阅读。

即使是取材于历史的小说，我不在乎也不会事后去探究情节哪里是真，哪里是假，我仅好好享受故事情节带来的情绪冲击。

但若为了打发时间、杀时间，慢慢读也无不可。

虽然说人生如戏，有时真实人生比虚拟故事还荒谬，但这两类小说为求戏剧化效果，所描述的多数是人生的特例情况，而非通例，千万不要将之视为实用性书籍。书中的角度与结论只对故事本身有意义，对读者来说，千万不要将作者所写的角度与结论套用在自己的人生中，否则你就是在自找麻烦。这个类别只要进行"基础阅读"跟"检视阅读"这两个层次即可。

故事情节的转折变化，就像股市K线图一样，可能重要也可能不重要，端看你从微观还是宏观来看。

如果从微观来看，每一个故事转折带来的情绪波澜，就像当初买卖股票一样，分分秒秒都很重要。这是"见树"，也就是内容的骨架。

如果从宏观来看，故事最早的原因与起点，与最后结果之间的关联性，就像今日股票的开盘价与收盘价，只要知道收红或收黑就够了。这是"见林"，也就是内容的大意。如果我们能简述情节发展过程，就表示已经掌握了大意。

举个例子，有本小说讲述一个富二代，天真烂漫、衣食无忧地在女人堆里长大，长大后因为现实因素不能娶自己心爱的女人而必须娶自己不爱却很有手腕的女人来协助打理整个家族事务。结婚几年后，这个富二代放下一切，遁入空门出家。请问：这个故事名称是什么呢？答案就在本章的最后面，想好再翻过去看哦！

有两本虚构小说，到现在还是我的最爱与最值得推荐的书：赫胥黎的科幻小说《美丽新世界》与米尔曼的心灵小说《深夜加油站遇见苏格拉底》。在步骤一"浏览"时，我判断出这是用小说形式表现的论说文，是一本实用性的书。每个故事的转折之处，都是为了带出某一项论点，于是阅读此书既要微观也要宏观。在步骤二"找关键词"时须紧扣阅读目的，时时提醒自己找出实用性的论点，别被故事情节迷惑。最后还要进行阅读的第三层次"分析阅读"与第四层次"主题阅读"，才算是深入阅读。[1]

---

[1] 想研究小说的读者，可以参考此书：［美］温迪·雷瑟《如何阅读一本小说及其他》（如果出版社，2016）。但如果你不想"研究"小说，那就不必看这本书了。

范例

一 女娲是中国神话中一位人面蛇身的女神，相传曾抟土造人，并炼五色石以补天。女娲在造人之前，正月初一创造出鸡，初二造狗，初三造猪，初四造羊，初五造牛，初六造马。初七这一天，女娲用黄土和水，仿照自己的样子造出了一个个泥人，后来觉得进度太慢，于是挥舞一根沾满泥浆的藤条，点点的泥浆洒在地上，化成了人。她为了让人类能够自行繁衍后代，永远延续，又创制了嫁娶之礼。

——九下康轩版语文，2018年

传记文学、传记小说

虽然当事人过世多年，因为他的身份太重要了，所以后人开始搜集信息去撰写传记，这一类的传记真实性就得靠作者的数据完整性来决定。还有一种是自传，或是当事人授权他人代笔的传记，例如《雪球：巴菲特传》，这一类的传记可信度就得下降。

传记是描述某个重要人物的人生故事，就是单一主角的历史故事，阅读焦点与历史相同。不同的是，我们要读的不是"他怎么成功的"，而是要读"他曾经失败的事情"。

毕竟，传记一定会有锦上添花之处、隐恶扬善之嫌，他的成功经验肯定有被夸大、被修饰的成分，他的失败经验肯定有被缩小、被隐藏的部分。阅读一段不真实的成功经验，能给我们的启发并不真实。而能写出来的失败经验，肯定有我们值得参考的价值隐藏在内。我会特别仔细阅读失败之处。

最后，如同阅读历史类书籍一样，要思考的是阅读的第三层次"分析阅读"与第四层次"主题阅读"：传记带给我们什么样的人生启示？

范例

一 自此聚的钱不买书了，托人从城里买些胭脂、铅粉之类，学画荷花。初时画得不好，画到三个月之后，那荷花精神、颜色，无一不像，只多着一张纸，就像是湖里长的，又像才从湖里摘下来贴在纸上的。乡间人见画得好，也有拿钱来买的。王冕得了钱，买些好东西去孝敬母亲。一传两，两传三，诸暨一县，都晓得他是一个画没骨花卉的名笔，争着来买。到了十七八岁，也就不在秦家了，每日画几笔画，读古人的诗文，渐渐不愁衣食，母亲心里也欢喜。

　　　　　　　　——吴敬梓《王冕的少年时代》，七下康轩版语文，2018年

二 性嗜酒，家贫不能常得，亲旧知其如此，或置酒而招之。造饮辄尽，期在必醉，既醉而退，曾不吝情去留。环堵萧然，不蔽风日，短褐穿结，箪瓢屡空——晏如也。常著文章自娱，颇示己志。忘怀得失，以此自终。

　　　　　　　　——陶渊明《五柳先生传》，七下康轩版语文，2018年

译 生性喜欢喝酒，但因家境贫穷，不常有酒喝；亲朋好友知道这情形，有些人就准备酒来招待他。他一到总是尽情畅饮，希望能喝醉；喝醉了就回家，从不会舍不得离开。房屋四壁，一片空寂，不能遮蔽风雨；穿的是破烂缝补过的粗布短衣，饮食常缺乏。但他却能安然自得。常做文章来娱乐自己，很能表达出自己的心志。不把世俗得意或失意的事放在心上，就这样地过一辈子。

三 康肃忿然曰："尔安敢轻吾射！"翁曰："以我酌油知之。"乃取一葫芦置于地，以钱覆其口，徐以杓酌油沥之，自钱孔入，而钱不湿。因曰："我亦无他，惟手熟尔。"康肃笑而遣之。

——欧阳修《卖油翁》，七下康轩版语文，2018年

译 陈康肃气愤地说："你怎么敢轻视我射箭的技术！"老翁说："凭我倒油的经验就可以懂得这个道理。"于是拿出一个葫芦放在地上，把一枚铜钱盖在葫芦口上，慢慢地用油杓舀油注入葫芦中，油从钱孔流入而钱却没有湿。（老翁）于是说："我也没有别的秘诀，只不过是手熟练罢了。"陈康肃笑着将他送走了。

四 王蓝田的性子很急。有一次吃鸡蛋，他用筷子刺鸡蛋，没有刺到，便十分生气，把鸡蛋扔到地上。鸡蛋在地上旋转不停，他接着从席上下来用鞋齿踩，又没有踩到。愤怒至极，又从地上拾取放入口中，把蛋咬破了就吐掉。王羲之听到这事大笑着说："假如王安期有这种性子，尚且无一点可取，何况王蓝田呢？"

——《世说新语》，八下康轩版语文，2019年

五 香港首富李嘉诚从前在茶楼当店员时，就习惯把手表调快八分钟，这是为了让自己提前做好准备。他经过长期努力，事业经营有成，如今虽已八十多岁，仍保持将手表调快八分钟，以事先做好准备。

——《名人的好习惯》，九下康轩版语文，2018年

六 歌德（1749～1832）出生在法兰克福的一个富裕人家，接受良好教育，自幼才学过人。青年时期的歌德在游学时，结识了许多名作家，也接触了1770年文学界诉求自由抒发个人情感的风潮。《少年维特之烦恼》在1774年问世，很快便畅销全欧洲。故事主角维特才华洋溢、多愁善感，不愿与庸俗的世界妥协，被视为是将内在的生命力转化为行动，并对抗虚伪社会的代表。

——九下康轩版社会，2018年

社会科学

根据中文维基百科的解释："社会科学是用科学的方法，研究人类社会的种种现象……广义的社会科学，是人文科学和社会科学的统称。社会科学的定义见1980年出版的《社会科学百科全书》（Encyclopaedia of the Social Sciences），其内容包含了社会学、人类学、经济学、政治学、犯罪学、生物学、地理学、医学、教育学、心理学、语言学、伦理学、艺术、社会工作学及法律学等与社会科学概论相关的一门学科。"（在台湾，心理学置于理科学院，并非文科学院中。）

社会科学可以说是系统性的知识，是关于人类社会的文化、制度、环境的知识。换言之，社会科学类的书籍常需要进行第三层次的"分析阅读"和第四层次的"主题阅读（比较式阅读）"。

有时在讨论这些知识时必须加入历史上或生活上的案例，但历史案例或生活案例本身并不是科学。也因为必须加入这些历史案例或生活案例，喜欢历史与小说的人就会觉得阅读社会科学的书籍很轻松。

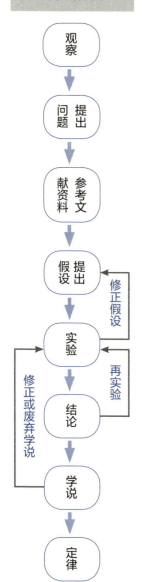

科学的方法

观察

↓

提出问题

↓

参考文献资料

↓

提出假设 ← 修正假设

↓

实验 ← 再实验

↓

结论

↓

学说

↓

定律

（修正或废弃学说）

在浏览阶段，就应该能判断出一本书是偏向小说类或是带有说明性质的论点式文章。

论点式文章是偏向理论性的或是着重实用性的。

透过书名，大概就能知道这本书的内容是在"提出观察"或是"提出问题""提出假设""提出结论"，还是在"提出学说"。例如，佐藤宽的《谢谢你来当爸爸的宝贝》，从题目你就可以知道这是一本从父亲的角度出发的，谈亲子教养的书，浏览作者序或目录时就可发现作者仅到达"提出观察"的阶段，算是一本小说。

市面上有一类小说是详细描述经过改编的真实事件，作者加入很多社会学的观点，让人容易误以为是以小说形式表达的社会科学。若是以小说形式表达的社会科学，就是带有说明文特色的论说文。

这几年，各类书的书名是越来越长了，有出版社说"书名越长，销售越长"，这个理由一听就知道是开玩笑的，不过真实的理由我也不清楚。[1]

　　书名越长，对读者有好处，会更容易让读者清楚此书的涵盖范围与写作方向。可让我们判断这是不是一本论说文的书，在我们进行影像阅读时，能使潜意识更精准地掌握重点会落在哪些章节、段落、区块上。

　　虽然社会科学类书籍中会有许多的历史案例或生活案例，这个部分读起来较为轻松，但不代表社会科学书籍读起来很轻松哦！我们依然要运用大量的理性分析能力与深入理解书中专有名词的意义，才能真正看进去。

　　书名若是"××学""××原理""××原则""××论"，大概就是论说文类书籍、社会科学类的文章，跟第五章的心理学书籍的阅读方式相同，请进行第三个阅读层次"分析阅读"。

　　社会科学中的论说文类书籍，我常称之为论点式的书籍，又可分成理论性与应用性，作者一定会告诉我们一到数个论点。

　　强调理论性的社会科学类书籍，会将写作焦点放在"明白或了解××事情"，描述普遍且必然的本性，强调本质；不强调如何运用、效用如何、结果好坏等实用性。浏览作者序、推荐序、前言时，可以见到作者表示"××是什么""××不是什么"，强调××事情是真

---

[1] 我个人猜想，大概是现在实体或虚拟的储存成本大幅下降（高楼大厦跟云端硬盘让两者的储存成本通通下降），所以书的寿命变成无限期延长，短短几个字的书名不够区分并描述本书的特色，所以大家只好定出长长的书名了。（此段说明仅是提出观察阶段，还不到提出假设阶段）

实的、××事情是事实，但不会强调××事情是好／坏。

强调应用性的社会科学类书籍，则是将焦点放在"可达到××成效的××做法"，本书就是重应用性、轻理论性的书。浏览作者序、推荐序、前言时，见到作者表示"A做法比B做法好"或是出现"应该""理应""应当""结果"以及书中若强调"应该做到××事或××行为会让人更好"，就可归为应用性书籍。

进行阅读的步骤一"浏览"时，浏览完目录、作者序、推荐序、前言，就能快速分辨一本书是理论性还是应用性书籍，这能帮助潜意识判断要往哪个方向去搜寻重点。

社会科学类书籍的目录，也是作者规划此书主题的脑中蓝图，擅长规划蓝图的作者，代表其思考逻辑力强，这本书的可阅读价值就提高了。若目录架构明显比较复杂，代表此书内容的缜密性与完整性较高。

阅读就是一种思考。从读不懂、读不通到读懂、读通，就是一种进步。书籍就是老师，你要从老师身上学到什么知识呢？或是你要学到什么思考能力呢？如果设定的阅读目的在于"深入研究理论"，那我们在浏览偏应用性的论点式书籍时，就应该知道那本书并不契合我们的阅读目的，能提供给我们"现阶段想获得的"科学理论并不多。

有些应用性的社会科学类书籍，算是"作者因体验而得出的建议"，阅读时务必抛开读者自己的原本成见，先将自己投入作者的文字中。例如《不思考的练习》是日本和尚小池龙之介所写，如果读者因宗教因素而带着鸡蛋里挑骨头的角度去阅读，那真的就很难进入文字所带来的平静感中。

我曾在网络上见过几篇对某本应用性的书或实用性影片留下的评

论，评论表示这本书或这部影片没有写出或说出科学理论根基，所以是没有价值或不值一看的书或影片。写下这些负面评论的人，肯定是不懂得如何真正去阅读或学习的人。（又或是那种只看书名或简介就开始评论起一本书的断章取义者。）

我们要从书中获得某种信息与洞察力，还是要从书中获得某种理解力与行动力？在阅读社会科学类书籍或文章之前，千万、务必、绝对要先划分清楚，这是"应用性"还是"理论性"的内容，因为两者的着重之处差异颇大。

但是，现在每个人都在跨界，面对自己过去从未接触过的知识领域，绝不可只从书名来判断，一定要浏览完目录、作者序、推荐序、前言再来区分。我知道现在很多社会科学类书籍都很难只归属于某一类的知识领域，以"行为经济学"来说，虽根源于经济学，但又牵涉到许多心理学。（不管是经济学还是心理学都属于理论性内容。）有时，针对同一个生活现象，分别有自然科学家跟社会科学家分头进行研究。浏览目录、作者序、推荐序、前言时，也可以帮我们先弄清楚作者的切入点。例如，动物的生存目的是为了繁衍下一代，这样基因可永续留存。近亲繁殖容易产生遗传性疾病，对自然科学家来说，早夭让基因无法永续留存，正是淘汰无法适应环境的不良基因的方式，所以近亲繁殖会弱化族群的生存力。但是近亲繁殖对社会学家来说，不管留下的这个基因是不是无法适应环境的不良基因，总之它就是我的基因，对于巩固族群的权力有帮助。

报纸、杂志也是社会科学哦，毕竟记者在描述谁在何时何地发生什么事情，为什么会发生这件事情时，都会加入自己的思考角度、评论、分析，已经不是单纯地描述事实而已。（再度提醒，事实不等于真相哦！）

有时小说家也会破圈，《达·芬奇密码》的作者丹·布朗，会考究小说中的时代背景与社会事件，也会将当时社会的经济、政治等议题融入小说中，但不会有人把《达·芬奇密码》当成是社会科学来阅读。

我们常以为对某事物的熟悉度越高，就代表我们对它的理解度越高。这真是一个大盲点啊！（你敢说天天相见的枕边人或小孩，你对他们皆是百分之百理解吗？）社会科学书中的举例、探讨的话题以及所用的专有名词或术语，可能大家都耳熟能详，读起来好像很轻松，却很容易产生误解。专有名词有时会被乱用或滥用，前面章节已经提过，这部分不再重述。

范例

一 "指事"，是用简单的符号来表示某些概念。例如："上"是先画一长画来表示基准线，再用一短画来表示基线上方的事物，以表达出"上"的概念来；而"下"也是运用相同的原则来表达。指事是用来表示抽象的"事"，而象形字则表示具体的"物"。

——七下康轩版语文，2018年

二 筷子最早被称为"箸"，为什么后来又叫筷子呢？据说在中国江苏一带水运发达，古人操舟都希望快去快回，而途中吃饭时一定会提到"箸"字，但"箸"和"住"同音，似乎船就会因此停"住"，如此一来，船家便无法做生意。此外，"箸"与"蛀"

也同音，船家也会怕船被"蛀"了，因为木船一旦蛀了就会进水沉船。因此，为了避讳此音，就用"快"的同音字"筷"来代替"箸"，以图吉利。

——七下康轩版语文，2018年

三　小篆是秦代统一的字体，继承了籀文而加以简化。由于它的线条圆转曲折又不会太复杂，富有艺术美，所以私人或政府机关的印章仍然沿袭使用。许慎《说文解字》共完整保存了九千三百五十三个小篆。

——七下康轩版语文，2018年

四　行书是介于楷书和草书之间的一种字体。行书是将楷书稍加连缀而成，比楷书简便，比草书容易辨认，曾有人比方：楷书如人的站立，行书如人的行走，草书如人的奔跑，正可以说明这三种字体的不同属性。世人普遍认为王羲之的行书写得极好，其中《兰亭集序》堪称极品。

——七下康轩版语文，2018年

五　个人不能离开群体独自生活，在社会生活中，每个人同时扮演许多角色。社会对各种角色所应表现的行为，会有不同的期待。由于每个人都扮演不同角色，如果社会对不同角色间的行为期待不一致，个人出现无法协调的状况，就可能发生"角色冲突"。在自我成长的过程中，个人借由社会化历程，透过与他人互动，学习扮演与自己有关的角色，表现符合社会期待的合宜行为，才能融入社会，成为社会的一分子。

——七下康轩版社会，2019年

六 冲突不一定都是负面的，如果冲突双方能仔细听取对方的想法，正视问题，理性沟通与协调，谋求解决之道，反而更能改善团体成员间的互动关系，达到双赢结果。

——七下康轩版社会，2019年

七 伦理道德是指人与人之间相处的应对进退之道，以及判断是非、善恶的标准。例如，传统社会较重视偏私德的五伦关系，故为人子女要孝顺父母，不可以顶撞父母；随着公共领域的扩大，现代社会更进一步强调重功德的第六伦，甚至发展出重视人与自然环境的环境伦理等观念。

——七下康轩版社会，2019年

八 非正式社会规范无外在的强制力，比较强调靠个人内在良知来约束外在的行为，但因每个人对是非善恶的认知标准不同，所以国家会针对社会最低限度之行为标准制定法律，并以国家权力强制执行。虽然法律能约束外在行为，但无法规范内在思想，仍须透过非正式规范启发人的良知；因此，单靠法律来维持社会秩序是不够的，各种社会规范互相辅助与配合，才有助于社会稳定发展。

——七下康轩版社会，2019年

九 "次文化"并非次等的文化，而是指与主流文化有所差异的特殊文化。因此，主流文化与次文化并存是现代社会普遍的现象；有时次文化甚至会摇身一变成为主流文化，例如，嘻哈（Hip-hop）音乐一开始起源于美国的纽约，仅盛行于非美国裔的群体中，如今已发展成为全球流行音乐的主要类型之一。

——七下康轩版社会，2019年

十 随着工业化及都市化的发展，导致弱势群体无法与他人公平竞争，其权益受到忽视或剥夺，甚至恶化成"贫富差距"的问题；再加上偏远地区与都会地区也会因为教育、就业或医疗的资源分配不均，而形成"城乡差距"的问题。

——七下康轩版社会，2019年

十一 "人口红利"指15～64岁人口占总人口的比例较高，可以提供充足的劳动力及消费力，有助于经济成长。有人主张比例若低于70%即代表红利关闭。中国台湾的这一比例为73.4%，尚处于红利阶段，但推估六年后人口红利便要关闭，届时将面临劳动力不足，影响生产活动以及消费力下降导致经济成长停滞的问题。

——《中时电子报》主笔室社论《中国台湾人口推估报告里的五大隐忧发生之后》，2016年9月18日

十二 "财产关系"指因买卖、租赁、借贷等行为所产生的权利义务关系，简述如下：

1.买卖：指出卖人将特定的物品移转给买受人，而买受人支付金钱给出卖人的一种契约。

2.租赁：指双方约定，出租人将物品租给承租人使用，而承租人支付租金的契约。

3.借贷：指出租人将金钱或借用物交付借用人使用后，借用人依约返还金钱或借用物的契约。

订定契约，不论以口头或书面的方式皆可。契约成立后，即产生债权、债务的关系，双方必须依约履行互相之间的权利和义务。

——八下康轩版社会，2019年

十三 遗产继承：继承是指在一定亲属之间，因一方的死亡，由继承人承受被继承人财产上的一切权利与义务。民法规定的继承制度是以限定继承为原则，另外，也可以选择抛弃继承。

•限定继承：继承人对于被继承人之债务，仅须以所得遗产来偿还。

•抛弃继承：继承人可在知道继承之时起三个月内，以书面方式向法院声请"抛弃继承"，放弃继承财产的权利与义务。

——八下康轩版社会，2019年

十四 满七岁而未满二十岁的公民，已具有相当的知识经验与判断能力，因此，民法特别规定，下列行为不必得到法定代理人的同意，也具有法律效力：

•单纯得到利益的行为，例如，接受无偿赠予（奖学金、收受生日礼物等）。

●日常生活所必需的行为，例如，买文具、搭地铁、看电影。

——八下康轩版社会，2019年

十五 侵权行为是指"因故意或过失，不法侵害他人之权利或利益之行为"。此时，侵权行为人（加害人）对受害人所造成的损害，要负起损害赔偿的责任。损害赔偿的方法是以恢复原状为原则，若无法恢复原状，则应以金钱赔偿。例如，毁损他人之物，应予修复；无法修复，则以金钱赔偿其伤害。

——八下康轩版社会，2019年

十六 妨害名誉罪：

●公然侮辱罪：在公开场所或以公开的方式，用不雅的言词或行动侮辱他人，就构成公然侮辱罪。例如，用脏话对别人进行人身攻击。

●诽谤罪：散布足以毁损他人名誉的事情，例如，在班上或网络留言板散布学校附近饮料店制作过程不卫生的谣言，极有可能触犯诽谤罪。另外，即使是事实，仅涉及私德而无关公共利益者，例如，到处散播某人是花光祖先遗产的败家子，亦构成诽谤罪。

——八下康轩版社会，2019年

十七 著作的使用，若是为了公益、学术研究等目的，在不影响著作权人利益或名誉的情形下，可以适度使用他人的著作。

对于文章、漫画或音乐等因发挥创意而完成的创作，创作人原则上享有著作权，未经著作权人同意，超出合理使用范围而转寄他人文章，或是下载音乐，就侵害他人的著作权，会受到刑罚的处罚。

——八下康轩版社会，2019年

十八 当强势文化以丰厚的经济实力为后盾，透过商业营销、媒体宣传等方式传播至各地时，弱势文化经常不自觉地接受其价值观念，因而对传统文化产生认同危机，甚至导致本土文化逐渐式微，不利于全球文化多样性的发展。

——九下康轩版社会，2018年

十九 每一个国际组织都有其成立的宗旨与功能，欧盟最早是从贸易体系开始，最后转变为让欧洲更为紧密结合的经济与政治联盟。国际组织通常会定许多会员国必须遵守的规范以达成组织的目标，这些目标或规范有时候可能与某些会员国的国家利益发生冲突，进而引发会员国之间的争执或组织分裂，英国脱欧即是一个明显的例子。

——九下康轩版社会，2018年

二十 由于撒哈拉沙漠的隔绝，非洲南北在族群与文化上有很大的差异。撒哈拉沙漠以北，早期与欧洲的古希腊、罗马文明互动频繁，后来与西亚交流密切，呈现多元文化特色，目前居民以阿拉伯人为主，通用阿拉伯语、信奉伊斯兰教。撒哈拉沙漠以南居民以黑人为主，分成许多不同的族群，有不同的语言、宗教信仰和风俗习惯。

——九下翰林版社会，2018年

二十一 目前全球最大的跨国劳工来源地，主要为南亚、东南亚，工作地点以西亚石油生产国与东亚、东北亚等工业国家为主。以南亚的印度为例，近年来有许多过剩的劳工到西亚工作；而受高等教育的科技人才，则受聘到美国硅谷高科技工业中心工作。

——九下翰林版社会，2018年

二十二 昔日西北航道长年冰封，只有具备破冰装备的船只，才可能通过海域。近年来，由于地球暖化，西北航道的浮冰加速融化，2007年欧洲太空总署发现西北航道浮冰减少，在夏季可以容许船只通航。浮冰若继续融化，预计最快2025年后，西北航道全年皆可通航。

——九下翰林版社会，2018年

二十三 每年全球有百万吨的塑料垃圾流入海洋，这些塑料受到海流级风浪的冲击，会变成更细小的塑料颗粒，当其大小至5mm，则被称为塑料微粒。塑料微粒除了本身会释放化学物质、毒害生物之外，也因为体积小而容易被吞食，并通过食物链而在人体累积，引发癌症或畸形。

——九下翰林版社会，2018年

最后，列出我国台湾目前普遍使用的"中文图书分类法"，让大家参考"社会科学类"究竟包含了哪些主题的书。

5社会科学类

- 500社会科学总论
- 510统计
- 520教育
  - 521教育心理学，教学，课程
  - 522教师及师资培养
  - 523初等教育
  - 524中等教育
  - 525高等教育
  - 526教育行政
- 530礼俗
- 540社会学
- 550经济
- 560财政
  - 561货币，金融
  - 562银行
  - 566地方财政
  - 568关税
- 570政治
- 580法律
  - 581宪法
  - 584民法
  - 585刑法
  - 586诉讼法
  - 587商事法
  - 588行政法
- 590军事

牛刀小试 2

七 读书原为己受用，多读不能算是荣誉，少读也不能算是羞耻。

读的书当分种类，一是为获得现世界公民所必需的常识，一种是为做专门学问。为获常识起见，目前一般中学和大学初年级的课程，如果认真学习，也就很够用。所谓认真学习，熟读讲义课本并不济事，每科必须精选三五种来仔细玩索一番。常识课程总共不过十数种，每种选读要籍三五种，总计应读的书也不过50部左右。这不能算是过奢的要求。一般读书人所读过的书大半不止此数，他们不能得实益，是因为他们没有选择，而阅读时又只潦草滑过。

记忆力有它的限度，要把读过的书所形成的知识系统，原本枝叶都放在脑里储藏起来，在事实上往往不可能。我们必须于脑以外另辟储藏室，把脑所储藏不尽的都移到那里去。这种储藏室在从前是笔记，在现在是卡片。记笔记和做卡片有如植物学家采集标本，须分门别类订成目录，采得一件就归入某一门某一类，时间过久了，采集的东西虽极多，却各有班位，条理井然。这是一个极合乎科学的办法，它不但可以节省脑力，储有用的材料，供将来的需要，还可以增强思想的条理化与系统化。预备做研究工作的人对于记笔记做卡片的训练，宜于早下功夫。

——朱光潜《谈读书》

测验题七

1.阅读书籍的数量，不管多或少其实都没有关系，重点要先掌握读书的目的。

请作答：□是　□否

2.普通情况下，要具备世界公民的常识，大约要读50本书。

请作答：□是　□否

3.写笔记的目的，不可以是为弥补记忆力的不足。

请作答：□是　□否

4.有心要成为研究工作者的人，其实不一定要学会写笔记。

请作答：□是　□否

八 更有功效的读书法，是再读。就是将已经加了下线的书籍，来重读一回。

颜色铅笔的下线或侧线法，是最为普通的读书法。而在那上面，写上批评，读后先将那感想在脑里——温习，几个月之后，再取那书，单将加上红蓝的线的处所，再来阅读，仿佛也觉得是省时间，见功效的方法。

——鲁迅《读书的方法》

测验题八

1.使用色笔在书上画重点，可以节省以后重读书籍的时间。

请作答： □是　□否

2.直接在书本上写眉批，可以节省以后重读书籍的时间。

请作答： □是　□否

九 教科书分为两种性质，一种是属于一般的科学的，有严密的系统，一种是属于语言文字的，没有严密的系统。我又曾说过，属于一般科学的该偏重在阅，属于语言文字的，只阅不够，该偏重在读。一部书可以含有两种性质：书本身有着内容，内容上自有系统可寻，性质属于一般科学；书是用语言文字写着的，从形式上去推究，就属于语言文字了。算学教科书，当然是属于科学一类的，但就语言文字看，也未始不可为写作上的参考模范。算学书里的文章，朴实正确，秩序非常完整，实是学术文的好模样。这样看来，任何书籍都可有两种说法，如果就内容说，只阅就可以了，如果当作语言文字来看，那么非读不可。

国语科，就是学习语言文字的一种功课；把本来用语言文字写着的东西，当作语言文字来研究，来学习，就是国语科的任务。所以我只讲一般的阅读，不把国语科特别提出。s这层请诸位注意。

把任何的书，从语言文字上着眼去学习研究，这种阅读，可以说是属于国语科的工作。阅读通常可分为两种，一是略读，一是精读。略读的目的在理解，在收得内容。精读的目的在揣摩，在鉴赏。

——夏丏尊《阅读什么和怎样阅读》

测验题九

1.语言文字的教科书，重点在阅。

请作答： □是　□否

2.教科书通通可以用一般科学与语言文字角度来进行阅读。

请作答： □是　□否

3.精读教科书的目的在于理解，要能鉴赏。

请作答： □是　□否

✚ 不管学什么专业，不博就不能全面，对这个专业阅读的范围不广，就很像以管窥天，往往会造成孤陋寡闻，得出片面偏狭的结论。只有得到了宽广的专业知识，才能融会贯通，举一反三，全面解决问题。不专则样样不深，不能得到学问的精华，就很难攀登到这门科学的顶峰，更不要说超过前人了。博和专是辩证的统一，是相辅相成的，二者要很好地结合，在广博的基础上才能求得专精，在专精的钻研中又能扩大自己的知识面。

不管别人介绍多少念书经验，指出多少门径，但别人总不能替你念，别人念了你还不会，别人介绍了好的经验，你自己不钻研、不下功夫，还是得不到什么。而且别人的经验也不见得就适用于自己，过去的经验，也不一定就适用于今天，只能作为参考，主要还是靠自己的刻苦努力。

读书的时候，要做到脑勤、手勤、笔勤，多想、多翻、多写。

——陈垣《谈谈我的一些读书经验》

测验题十

1.一定要深度与广度兼具，才能达成专业领域的阅读。不管是先深度再广度，还是先广度再深度，其实都可以。

请作答：□是 □否

2.专业领域的阅读，"做到"比"知道"更重要。

请作答：□是 □否

十一 阅读的确是一个复杂的过程，但是我们可以透过比较来达到我们的目的。了解内容，获得印象，仅仅完成了阅读过程的一半，就此止步是不行的，要想从阅读中得到充分的收获，还必须做进一步的思考和判断。

总之，读书有两个步骤，第一步是尽量敞开你的胸怀，来容纳作者给你带来的无数印象；第二步是比较与判断。第二步比第一步复杂得多，困难得多，你必须曾经做过广泛的阅读，有充分的理解力和很好的记忆力，才有可能进行生动有力的比较。更难的是对作品做出确切的评价，指出它的失败与成功，哪一部分是它的优点，哪一部分是它的缺陷。一个读者如果想担负起这样的职责，非得有深刻的洞察力、丰富的想象力和渊博的学识不可。当我们贪婪地翻阅了各种书籍诸如诗歌、小说、历史、传记之后，经过时间的孕育和对现实世界的体察，会逐渐出现变化，我们不再那么贪多，而变得更善于分析思考，不仅能评价一本书，而且能发现某些书之间的共性和差别，这时候，这种鉴赏能力就会引导我们前进，去寻找自己所需要的书，在同一类的作品中区别高低优劣，由此获得更高雅的享受。

——弗吉妮亚·伍尔芙《我们能从书中获得些什么呢？》

测验题十一

1.阅读要能做到进一步思考与判断，一定要做比较才行。

请作答：□是　□否

2.读者若想对一本书做出确切的评价，应该具备洞察力与想象力。

请作答：□是　□否

3.对于历史类的书籍，最终要建立起一种高雅的阅读享受，一定要建立分析思考的能力。

请作答：□是　□否

十二 有些读者喜欢在阅读时画线做记号，但我在再次读到这本书时，画线的地方会使我想起第一次阅读时的感想，就很难有新的发现与启示，倒是不画线时会使人产生新鲜的感觉和印象。我的习惯是在阅读时做索引，先记下页码，再简略地写出提要与见解，在第二、第三次重读时，我会把索引的内容扩充几倍。我的私人藏书大部分有这样的索引，当我需要查找有关论述时，就能很快翻到正确的页数。用这种方法去利用一本书，并且年复一年不断地加以利用，那当然必须购置自己的藏书。即使对于那些嗜书成癖的读者，我还是要劝你们至少每隔两年得清理一下藏书，淘汰那些过时的没有参考价值的读物，毫不犹豫地把你不想再读的书弃之如敝屣。

要是你清楚地看到这种淘汰过程将不断继续下去时，就会懂得如何把钱花在对你最有用的书上，你只要花几块钱，就能开始拥有自己的藏书，先买一些廉价版的好书或整洁的旧书，至少每月一本，但绝不要去买你眼下不会去读的书，如果把书籍作为装饰品，只是供别人参观，对你是莫大的损失。培养读书的兴趣，将使你终身获益。

——约翰·厄斯金《书籍的购置》

测验题十二

1.在书本上画重点，总是优于另外写具备索引功能的笔记。

请作答： □是　□否

2.花钱买书，比较能让你好好地运用一本书，只要每隔两年清理一下书籍就好。

请作答： □是　□否

3.目前还不会想阅读的书，就不要买回家。

请作答： □是　□否

杂志书、文摘、懒人包

首先要先厘清一下，杂志书，并不是杂志。

为了帮助忙碌的大众省却一些阅读时间，杂志书热卖了！一家专做杂志书的出版社说："杂志书就是为了让人能在两小时一口气就读完的，所以字越少越好，图要大，图要多。"近几年，超市、商店书架上杂志书占的架位已经超过杂志了。书页尺寸跟杂志一样大，印刷纸张比杂志厚，跟杂志一样图文并茂，但是页数比杂志少，设定在两个小时内就能阅读完毕的文字量。一本书中汇聚了各类型主题的文章，多以应用性文章为主，佐以少数的论点性文章，是《读者文摘》的纸面尺寸放大版，但杂志书的广告页极少。相较于一本书，杂志书的价格低廉到会吸引对价格敏感的读者，整本厚度轻薄到会吸引阅读时间无法超过两个小时的读者，内容简略到会吸引阅读能力不足的读者。这类书籍的目录并不重要，仅具索引功能，不具备阅读步骤一"浏览"时所要求的功能性。有些杂志书甚至就干脆拿掉了目录。

杂志书跟《读者文摘》是一样的类型，摘录或摘要某本书的内容，毕竟是浓缩后的精简版，势必会有遗珠之憾，页数的浓缩比例越大（500页浓缩成10页，跟500页浓缩成2页，后者的浓缩比例较大），遗漏的珍珠也就越大颗或越多颗。

对于阅读目的仅在"打发时间"或是"知道大概在讲什么就够了"的人来说，纯为了获得信息而阅读，看完这份摘要也差不多就行了。毕竟杂志书编辑已经帮我们做到了这一段的功课。但是，切记，杂志书的编辑本身阅读能力的高低，关系到摘要出来的质量高低。

但毕竟杂志书是第二手甚至是第三手以上的数据了，想进行阅读的第三层次"分析阅读"跟第四层次"主题阅读（比较式阅读）"者，绝不甘于仅仅阅读摘要，他们会再找出原书籍来好好享用一番。

杂志书有些会像书籍上的参考书目一样，会直接写明这篇摘要是搜集哪几本书的内容汇总而来，我喜欢这种负责任的编辑。但有些杂志书完全不写资料搜集来源，甚至会张冠李戴地将甲书中的内容与乙书中的作者结合。或是将观念拆解成破碎片段，让人误以为原书的内容不过尔尔。

说个题外话，网络懒人包就是一种文摘。我个人从不看懒人包，也绝对不会全然相信懒人包内容，因为我不知道对方到底删减掉什么，说不定被删减掉的部分才是最重要的地方。尤其是社会事件的懒人包，制作者肯定有其想表达的个人意见（或个人偏见），在编辑懒人包内容时或多或少会埋入这些"史观"的。但是懒人包的制作者是谁，怀抱着什么样的动机，并不容易看得出来。

哲学

科学与哲学，都是从观察并提出问题开始的。

这是一个大领域，因为哲学主要在探讨这三个问题："我是谁？""我从何而来？（我的人生意义）""我要去哪里？（我的人生目的）"。

大多数人是无法运用影像阅读法在哲学类书籍上的。过去就很喜欢阅读哲学类书籍的人，因为脑中的背景知识有一定的质与量，这类人就能很轻松地使用影像阅读法来阅读哲学。从以上的三个问题，就可以延伸出无穷尽的大大小小人生问题。心理学跟哲学一样，都是没有标准答案的领域，总存在着因人而异、因文化而异、因时空而异的议题。（心理学的阅读方法请见第五章）

哲学跟科学很相似，想找到一种普遍性的，而非曾经发生过的特定性。但哲学家的切入角度跟科学家不同，所得到的解决方法自然就会不同。

古人的科学能力有限，常会将观察大自然万物的变化作为思考的主题，我这里没有贬抑《易经》的意思，《易经》六十四卦中的部分内容正是描述自然界的变化，有些描述在现代科学家看来是不太科学的。近百年来的初中小科学基础教育中地球科学部分，都有一定的水准，我想现在应该没有人会将《易经》当成是认识世界的科学书，但可以将《易经》当成是了解古人世界观的哲学书来阅读。（孔子所下的脚注当然更是哲学啰。）

哲学书所讲述的内容，多数是我们个人在日常生活中很容易就能接触到的经验、证明，不需要像达尔文等科学家一样必须透过多年的观察、用超乎平常人经验的研究才能得到的证明。科学书则常会提到一些多数人都不容易经历的经验，如太空旅行、成年割礼。

哲学书所表述的问题或内容虽然多数是人类的共同经验，但哲学书寻找的答案，是很难三言两语地轻易描述的，例如道德是什么。

哲学本身就是一种思考，哲学书会描述出思考过程，思考过程要符合逻辑。哲学可谓是一种思考上的运动，要不断地动脑、动脑、再动脑，一层一层地分析下去。我们要从哲学中学习的就是这一层又一层的"思考过程"。

《论语》中的孔子跟柏拉图《对话录》中的老师苏格拉底，是年代相近的思想家，但是表述方式差异很大。《论语》中的孔子负责解答，学生等待答案。《对话录》中的苏格拉底则负责逐步提问，学生负责逐步逼近答案（近似数学的逼近法）。我猜想这两人算是定了东西方教育的基本模式了吧？

《论语》常只"点"出结论，读起来好像什么都明白了，很具有一种茅塞顿开的感觉。因为《论语》没有描述出孔子心中那反复逻辑思辨的推论过程，所以学校老师也常要我们对《论语》的内容进行背诵（换言之，直接背下孔子说的解答就对了），对学生来说，好像从

《论语》上学到了许多（结论），又好像什么（思考）都没有学到。古代西方的哲学类书籍，有点像是自问自答的方式，作者先写出正在思考的问题，再写出自己思考后的答案，我们要仔细跟紧作者的每一个问题与解答，像骑脚踏车环岛旅行时不停地忍着各种不舒服一样。

如果我们阅读该本哲学书时，遇到有点思考挑战之处，或是出现作者的文字让我们情绪不舒服之处，就像骑脚踏车环岛途中取巧换搭高铁或是保姆车的人一样，直接跳过那段不舒服的过程，那我们阅读该本哲学书时的思考旅程就会变得不完整且徒具形式。

好的学习经验，是来自共同经历且互补的过程！有些哲学书会先提出问题，再表述其他多种看法，作者一一评论这些看法，最后总结出作者自己的观点。作者本身在逻辑思考中的归纳法的能力很强，阅读书中的思考过程令人感到过瘾！

有一种哲学书的写作方式很类似描述科学原理的书，例如数学的几何学，有三角形跟圆形，我们可以略过圆形不看，也不影响理解三角形。这一种哲学书，跳过某些章节不看，也不太会影响我们理解其他章节。换言之，书中所探讨的理论并不具备连贯性，可以进行跳读或略读。阅读哲学书时，务必抛开成见！换言之，没有"我自己的固有想法"（别插嘴），先探寻"作者的说法"（听人家把话说完）。整理完作者的整个思考脉络后，再融入自己的想法，不这么做的话，很容易用自己的成见去拆解作者的想法。

2017年的台湾出版市场，出现了类似科普概念的"哲普"（这是我随意取的名称，不是正式的分类，更不是动漫《海贼王》里面的角色），形成短暂的小风潮。这类书籍跟科普类书籍很不一样，不能用科普的概念来看待。虽然"哲普"也是在探讨一般性的经验所导引出的思想，但阅读"哲普"类书籍要很小心，毕竟那是作者根据自己的经验所找到的思考观点，别照单全收，要仔细用逻辑方法或科学方法去反复论证作者的观点，才不会流于人云亦云。哲学类书籍也分成论说性的、实用性的。论点性的哲学书，第一步是让我们知道这是怎么一回事，算是发现问题、理解问题、说明问题。有时哲学书会进行到第二步让我们明白如果我们要做些什么的话，那么可以如何运用这项论点，这就偏向于实用性的哲学书了。（但别忘了刚刚才讲过的，实用方法会因人而异、因文化而异、因时空而异。）切记，哲学类书籍需要大量使用我们脑中的抽象语词能力与理性能力。读起来是耗费心神的，可能需要一读再读，或是读完后自觉不足再去寻找相关主题的哲学书，或是读完后需要放下几个月的时间之后再重新阅读一次。再强调一次，对大多数的人来说，哲学类书籍很难用影像阅读法阅读的。

　　有些作者会先提出一个大多数人在生活中习以为常到认为"绝对就是这样"的论点，再进行一连串的思考，最后得出的结论跟一开始提出的假设一模一样。阅读哲学书的过程，即是一段思考的旅程，所有的变化都发生在自己的脑中，读完后，可能你的周遭也不会有什么改变。所以，平时就喜欢将阅读目的设定在实用性的读者，通常不会喜欢哲学书。还有，每天在生存问题上忙得焦头烂额的工作者，通常也不会喜欢阅读哲学书。

　　最后，同样列出"中文读书分类法"中的"哲学类"让大家参考，这个类别究竟包含了哪些主题的书籍。

I哲学类

- 110思想学术
- 120中国哲学
- 130东方哲学
- 140西方哲学
- 150逻辑学
- 160形而上学
- 170心理学
  - 173.1儿童（青少年）心理学
  - 173.2青年心理学
  - 173.3成人心理学
  - 173.5老年心理学
- 180美学
- 190伦理学
  - 192.1个人伦理，修生（生涯规划）
  - 192.3修养，社交礼仪

 宗教、神学

宗教主要探讨的三个问题，跟哲学是一样的。只不过是从独立于"人"本身以外的角度来解说、解答。从经书经文中，可以看出该宗教的教义。但宗教的核心或根本，是来自"相信"，必须先全然相信这个宗教内的一切（信仰），才能读好经书经文的论述。全然相信，就是虔诚。

一神论者去阅读多神教的书，跟多神论者去阅读一神教的书，都不可能把那本神学书读好，无形中必定会加入自己的观点去解读该书的论述与论述过程，或是仅部分同意或接受该书的原则。

全然相信经书经文带来的论述后，就要全然依照论述去执行这些论述。读很重要，做到更加重要。

除去经书经文之外，有时作者是引用某些教义作为论述的前提，而作者论述的逻辑非理性或是推论过程不够周详，这样所引导出的结论，并不能相信。这种现象在宗教团体的日常传教活动上，算是很常见到的。曾听过几次大型、小型、微型宗教团体的成员，到处大肆宣传把团体内的某人遇到一场轻伤的车祸，不约而同地归功于师父的法

力无边或神的神迹出现，才将某人的大难化为小难。（有些团体成员还会加码地说，如果没有师父或神的保护，某人的灾难必定会更大，所以一切都是师父慈悲或神的爱降临某人身上。）

　　一个没有深入阅读过宗教经书经文的人，要从宗教类书籍与宗教活动中分辨作者与讲者的论述是否可信，是很困难的。通常就是人云亦云地不断地"迷信"下去。

合约书

因为签了字，就不能反悔，所以很多人以为合约书不能进行影像式阅读。别忘了，之前第三章提到过——有时正是读得太慢，一个字一个字缓慢地阅读，才会搞不清楚文字的意涵。

进行步骤一"浏览"时，应该快速阅读，掌握整份合约书的大概意思，理解合约书的结构、逻辑、主要观点；进行步骤二"找关键词"时关注每一段的主要思想，第三次阅读（重复重点），用查核的眼光来精读，仔细研究文字细节，例如副词或是标点符号会不会改变了某些条款的范围，寻找可能出现的陷阱。

测验题解答

• 第162页的答案：《红楼梦》

• 牛刀小试的答案：

测验题一	1：是。 2：否。 3：是。
测验题二	1：是。 2：是。 3：是。
测验题三	1：是。 2：是。 3：是。
测验题四	1：是。 2：否。
测验题五	1：是。 2：是。 3：否。
测验题六	1：是。 2：否。
测验题七	1：是。 2：是。 3：否。 4：否。
测验题八	1：是。 2：是。
测验题九	1：否。 2：是。 3：否。
测验题十	1：是。 2：是。
测验题十一	1：是。 2：是。 3：是。
测验题十二	1：否。 2：是。 3：是。

第 5 章

理科类书籍的阅读

- 心理学
- 数学、物理、化学
- 科普
- 应用科学

这一类的书必须有很好的逻辑性在内，作者的思路会有整体性的组织架构，反之，就是不够格的书。

科学有四个特性：客观性、可验证、系统性、启发性。四个特性要"同时具备"，才能称为科学。

理论性的书籍会告诉我们一个普遍都能适用的知识，作者可以提出问题、分析问题，最后一定会归纳出某种符合科学的结论，但不一定要给我们解决问题的建议。

理论性的书籍通常"是非分明"，一就是一，二就是二。但实用性书籍（含社会科学类、应用科学类）讲求的是做法，不一定"一就是一"哦，作者以他个人的经验来给予建议做法，这其中势必牵涉到当时的社会环境与作者个人经历，还有作者个人的判断力。

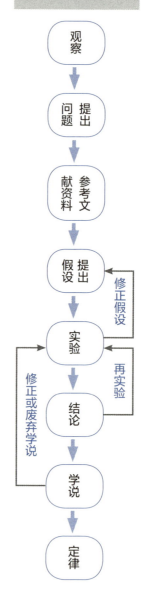

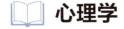

心理学

有些学院将心理学归于社会科学底下，有些学院将之归于自然科学底下。

　　心理学是研究人类行为的科学，行为包括外在可被看见的，与内在无法被看见的。网络上流传的心理测验，违反客观性故不是科学，当游戏玩玩就够了，别信以为真。除了配合朋友的聊天话题外，我是不看这类心理测验的。市面上有一类被归为心理学的书籍，其实被称为心理学是不够格的，原因在于无法被重复验证。例如讲述某个动人心弦的故事，然后以个人经验去类推所有人遇到类似问题时也会是相同的原因造成的，最后告诉大家应该怎么做才对，忽略了世界上还有"一果多因""一因多果""互为因果"的情况。这一类其实应归属小说或自传，也不算是用小说形式表达的心理学。

　　网络上的心理励志文章（或负能量厌世文章）有极大概率是属于这一类伪装成心理学的小说，不管这篇文章是不是某个工作领域的专家所写的，只要没有同时吻合前述的科学四个特性，或是缺乏科学逻辑地进行人的心理历程分析，我就不看。

一个说法可以被称为科学，表示它有"可信度"与"有效度"。用白话来说，做一次跟做一百次都可以得到一样的结果，不管是谁做都可以得到一样的结果，就是具备真实性与准确性。

如果作者达到科学的方法中"提出结论""提出学说"阶段，表示有可信度与有效度。我多数时候只阅读已经达到这个阶段的心理学类书籍。

这种书籍的重点跟之前所提到社会科学的理论性（论说文）还是有点不同。

这个阶段的书籍，会先提到原理或理论，会使用这些原理去解决实际行动上的问题。也就是说，作者想找出实用性的理论，来教我们如何实际运用在个人行为上。通常作者会直说为什么他所写的内容是真的有效，也会表达依据他所写的理论与原理发展出的实用性方法，既告诉我们理论，也告诉我们行动方法。

扣除上类书籍，多数的心理学的书籍，要用传达知识的理论性角度来阅读。阅读时要不断去理解作者明白表示的原理与原理背后的规则。只要运用第三章第95页所说的第三个阅读层次"分析阅读"进行即可。

数学、物理、化学

　　会决定我们喜不喜欢阅读这类书籍的关键点，大概就是初中的数学、物理、化学的考试成绩了。只要考试分数好，我们会认为这些项目不难，会愿意继续阅读这类书籍。只要考试分数低，我们就会累积挫折感，且认为自己没有天分，潜意识中就会主动避开这类书籍。所以，初中的考试分数，会决定我们是否会对这类书籍产生喜好。

　　坊间这类书籍绝大多数是写给具备相关背景知识的人看的，也就是说我们脑中要有一定的知识储备，才会觉得这本书很容易阅读。反之觉得很难读，绝对是正常的。

　　有些人的小学数学考试分数，就决定了长大后还会不会想阅读探讨数学领域的书籍。即使是标榜且主诉求是写给小学生看的数学类书籍，如果是由不喜欢数学的大人来阅读，也会觉得好难阅读，读不出什么乐趣的。

　　这类书籍，需要不断地动脑，随着作者的文字一直思考、一直思考。阅读前，如果脑中的背景知识量不够广或是不够深，就会觉得整本书很难读，进而认定这本书很无趣，而放弃阅读。

刚开始进行影像阅读法的初学者，千万不要拿这类的书籍来练习，否则只是累积挫折感而已。

纯理论性的这类书，阅读起来是很费脑力的。读者需要运用第三层次的"分析阅读"去理解作者阐述的论点与想处理的一般现象与规则。阅读这类书籍的过程，就是一场脑力运动。作者经过反复研究查证各种案例，或是在实验室中进行实验所得到的结果，运用归纳法得出结论，我们在阅读时必须反向运作，分析作者的假设与结论之间的关系，或分析作者的依据与结论之间的关系。

纯理论性的书，也不强调实用性。萧伯纳曾说："有能力的人，就去做，没有能力的人，就去教。"萧伯纳将实用性当成是能力的标准，所以下了这样的结论。

我在阅读这类书时，会事先留意一下这本书的初版年份或是书中引用的研究报告的年份，毕竟科学日新月异，有些科学论述已经是过时或是被后人证实是错误的，但科学家的思考方式还是值得我们学习的。即使出版日期是近五年的，谁也说不准书中的结论会不会在明年就被新研究推翻，我不会死守作者的论点一辈子。

数学、物理、化学的理论，可以采用影像阅读法，要将重心放在作者的思考脉络上。数学、物理、化学的计算式，并不适用影像阅读法，因为计算式纯然运用表意识的逻辑思考力，不需要使用图像力与潜意识的直觉力。

我须再次强调阅读目的的重要性，假设我今天只是想知道这本书在讲什么，并不是想成为该领域的佼佼者或是专业人士，在阅读时可以直接跳过不读（跳读、略读）那些计算式，只要看懂作者提出的论点就好。

范例

一公元1884年，瑞典化学家阿瑞尼斯提出"电解质解离说"（简称电解说），电解质在水中会分解成离子（这个过程称为"解离"），因而使水溶液能够导电。离子是带电的粒子，带正电荷的粒子称为正离子，带负电荷的粒子称为负离子。

——八下康轩版自然，2019年

二电镀是电解原理的应用，以欲镀金属为正极，被镀物为负极，并以含欲镀金属离子的盐类水溶液为电镀液，将某金属镀在负极的另一材料之表面上。例如要在铁制的汤匙上镀铜，则须以铜为正极，汤匙为负极，硫酸铜溶液为电镀液。

——九下康轩版自然，2018年

三细胞核内可以控制生物特征，并使其代代相传的遗传物质，称为染色体。染色体位于细胞核内，平时呈细丝状，细胞在分裂时才会浓缩为短棒状的构造。染色体由DNA（脱氧核糖核酸）与蛋白质所组成，带有遗传信息，为双股螺旋状，蛋白则可让长长的（DNA）有条理地缠绕起来。

——七下翰林版自然，2018年

四生物行有性生殖时须经由配子的结合，配子通常有雌雄之分，且外形并不相同。以人类为例：男性产生的精子即为雄配子，呈蝌蚪状，头部具有细胞核，尾部则为运动的构造；女性产生的卵子即为雌配子，体积比精子大许多。

卵子与精子结合后成为受精卵，此过程称为受精作用，受精卵会逐渐发育成胚胎。由于受精卵的遗传物质来自父亲和母亲的组合，因此胚胎发育后形成的新个体，不会与亲代完全相同。

——七下翰林版自然，2018年

五 现代科学家认为性状的表现是由基因（gene）所控制，基因是染色体中特定的DNA片段，染色体上有许多不同的基因。

一个基因若具有两种以上不同形式，会使性状产生不同表现时，这些不同形式就称为等位基因（allele），也就是孟德尔所指的遗传因子。

——七下翰林版自然，2018年版

六 生物死亡后，遗体大多会被分解或破坏，若遗骸被包埋在泥沙中，随着时间推移，上方的泥沙层层堆叠，会逐渐形成坚硬的岩层，将遗骸保存在里面。在此过程中，如果有矿物质渗入这些遗骸的骨骼或牙齿等坚硬部位，经过结晶及压力等作用，这些遗骸就会渐渐形成化石。

——七下翰林版自然，2018年

七 公元1753年，瑞典科学家林奈（1707～1778），采用二名法，以拉丁文为生物拟定学名。学名的第一个字为名词，第一个字母必须大写，是该生物的"属名"；学名的第二个字为形容词，全部采用小写，是该生物的"种小名"，用来描述其产地、特征或其

他意义。学名不但国际通用，还能说明生物的分类地位与亲
缘关系。

——七下翰林版自然，2018年

八 菌物界的生物通称为真菌，具有细胞壁，缺乏叶绿素，须从外界
获得养分。真菌能产生细小的孢子以繁衍后代，常见的有霉菌、
蕈类及酵母菌三类。

霉菌和蕈类由菌丝构成，属于多细胞生物。菌丝能附着或侵入物
体内，可分泌酵素将养分分解成小分子后吸收利用。酵母菌则不
具有菌丝的构造，为单细胞生物。

——七下翰林版自然，2018年

最后列出中文图书分类法中的科学类让大家参考，这个类别究竟
包括了哪些主题的书籍。

3科学类

- 300科学总论
- 310数学
  - ◦ 311初等数学
  - ◦ 312电脑科学
    - * 312.1电脑，资料处理
    - * 312.2电脑程式设计
    - * 312.3电脑程式语言
    - * 312.7电脑系统资料相关处理
    - * 312.9中文资料处理，中文电脑

- 320天文学
- 330物理学
- 340化学
- 350地球科学，地质学
- 360生物科学
- 370植物学
- 380动物学
- 390人类学

科普

　　"科普"，就是"科学普及化"的简称，是为一般没有科学背景知识的读者而写的。[1]科普的书籍，绝大多数不写出研究与验证过程，只告诉我们结论。

　　如果是讲述运用方法的科普书，阅读方法跟下一节的应用科学类一样。

---

[1]　说是没有科学背景知识也不对，应该是说初中时数理科与自然科学分数不高的人才对。在初中考试时分数不高，高中时自动会选择就读社会组，避开自然组。就算作者写出简化版的研究与验证的过程，也会很快吓跑初中时数理科与自然科学分数不高的人。

范例

一　利用漂白剂漂白衣物也是一种氧化还原反应，洗衣常用的漂白剂是一种强氧化剂，通常分为含氧漂白剂及含氯漂白剂两种。含氧漂白剂主要成分为过氧化氢，而含氯漂白剂主要成分则为次氯酸钠，其原理都是利用氧化作用，除去沾染在白色衣物上其他颜色的物质。

——八下康轩版自然，2019年

二　肥皂的组成分子，一端是亲油性端，另一端是亲水性端，溶入水中后会呈解离状态。在洗涤衣物时，肥皂分子的亲油性端会溶入油污中，使油污被许多肥皂分子包围，而肥皂分子的亲水性端则将油污带入水中使油污与衣物分离，并在水中形成为小的悬浮粒子，达到洗净的效果。

——八下康轩版自然，2019年

三　烃类是原油和天然气的主要成分。远古时代的生物死亡之后，与泥沙一起沉积在地底，由于细菌的作用而渐渐分解。沉积物不停地堆叠、长期覆盖，以及温度与压力的变化，使得这些有机物产生复杂而缓慢的化学反应，形成黏稠的液态石油（原油）及气态的天然气。

——八下康轩版自然，2019年

四　龙卷风通常伴随强风、骤雨、冰雹、雷电等现象，使所经之处满目疮痍，并可能造成电力中断、瓦斯管线破裂等灾害。龙卷风是一种极剧烈的低压系统，在极不稳定的空气扰动下，例如暖湿空气与冷空气剧烈汇流时，较容易产生龙卷风。

——九下康轩版自然，2018年

五　光和电结合运用的光电科技，例如太阳能电池将光能转换为电能、光驱内部的组件利用电能产生雷射光，以读取光盘片中储存的信息，并运用电来激发液晶、电浆和发光二极体等发光组件来产生影像等，都是光电科技发展的主流技术。

——九下康轩版自然，2018年

六　在地貌相似的广大区域上停留的一大片空气，当它的温度与湿度在水平方向分布十分相近时，就可以称为气团，形成气团的区域称为气团源地。

气团形成后，通常都会离开气团源地，因此其性质会随着所经过的地理环境而改变。例如冷气团移往较低纬度时，较底层的气体容易受热而变暖；大陆气团经过海面时，湿度也会因为吸收水汽而增加。

——九下康轩版自然，2018年

七　通过转基因技术，可以让生物产生新的性状，此种生物称为基因改造生物。使用基因改造生物所制成的食品，则称为基因改造食品，如使用改造大豆所制成的酱油及豆类制品，或基因改造玉米所制成的玉米油及糖浆。但是这些经由人为方式所产生的生物，一旦流入野外，有可能会对自然环境造成冲击，影响生态平衡。

——七下翰林版自然，2018年

八 酵母菌可将葡萄糖分解以获得能量，在有氧的情形下，进行呼吸作用，可产生水和二氧化碳；在无氧时，则可进行发酵作用，产生酒精及二氧化碳，因此人们常利用酵母菌来酿酒及制作面包。

——七下翰林版自然，2018年

📖 应用科学

前几年流行的《被讨厌的勇气》，虽是以小说方式撰写，内容十足是阿德勒心理学的实务运用，整体故事不断交错出现阿德勒的理论与生活实例的讨论。看完书后如果内心没有产生一点点想改变现状的勇气出来，那么读者就是失职了，读者没有用自己的力量尽全力去思考"自己"该执行的行动是什么。

读者要不要听从作者并采取行动，那是学生要不要听老师话的层面，与理解力无关。[1] 有些实用性的书，科学上的理论不是很重要，或毫不重要，而是做法才重要；不知道科学理论也没关系，能做出更好的效果才重要。例如你想打好一场躲避球，只要知道运动规则

---

[1] 有次我在地铁上听到某位妈妈对朋友抱怨自己的孩子说："孩子爱看书，我让他看很多教写作的书，但是怎么作文成绩还是不好？"紧接着抱怨老公说："少吃油炸物才是健康的饮食，不管他看完几本谈健康养生的书，但他还是会一周吃三四次油炸物。"

即可，并不需要知道向量、流体力学、角动量、反弹系数等物理学，也不用知道肾上腺素等生物学知识，更不用知道面对压力时情绪反应的心理学理论。

应用科学类，可归于实用性的书，只找出普遍性知识（大同之处）不够用，还要能找到帮助我们采取行动之处。在不同的条件或情况下，作者会给我们的行动建议可能会有所不同，我们需要留意各种差异点（小异之处）。

在步骤一"浏览"时，要找出作者为何要写这本书（作者的目的）、如何达成目的的建议方法。

在步骤二"找关键词"时，要注意作者提到的原则、说明原则之处。如果作者有详细说明形成这些原则的原理，也一并要留意。作者的举例，通常是为了证明这些原则是管用的，故此处的举例属于次要重点或不是重点。

我知道多数人爱听故事，但阅读此类文章需要的是理性，千万别见树（见故事）不见林（不见原则）。多数网络上强调实用性的文章，其中所举例的故事对我来说常常只是一大段的废话，整个段落我都略读不看，详细做法请见第六章第228页谈"网页"的阅读。

我们要将注意力放在作者所提供的信息是否跟想达成的结果有显著的关联性上。

留心作者所阐述的原因，作者通常会这样说明：1.证明这真的是有效的理由。2.这样做能达到你想要的结果的理由。或许有人会"将这些原因视为真理"，但别忘了，这些"真理"并不是"理论性书籍讲的真理"。

有阳就有阴，有科学就有伪科学存在。我会小心不让自己浪费时间在伪科学上，例如坊间广为宣传的"大脑只被开发不到1%"（从1%到30%的版本都有）就是伪科学。

对某一类人来说，"如何分辨伪科学"是容易的事，但对另一类人来说却是困难的事。

伪科学的流传，跟网络假消息的流传一样。会相信网络假消息的人，通常不爱亲自动脑思考，只爱贪快求简便的懒人包，平时不会主动阅读政府机关网站、科学性网站、大学网站、科技研究机构网站、基础科学知识类书籍。他们平时只看亲友转寄分享的、听说来的报道与消息。

换言之，会相信网络假消息跟伪科学的人，平时不愿意主动去接触理论性知识，故脑中缺乏相关的理论性知识来帮助判断眼前的信息（建议可以先从阅读科普类的书籍下手）。所以，我常会运用网络搜索来确认眼前的信息是否正确，同时也会多浏览几页搜索到的页面，避免正确信息被广告商所散布的伪科学给洗脑了。虽然，这样要多花10到30分钟，但总比让大脑吸收假消息的好。

范例

一 每一种材料也都有其特有的物理与化学性质，但当我们制作产品时，选用材料会着重于材料的机械性质，也就是考虑该材料的强度、硬度、延性、展性、韧性（脆性）、弹性与疲劳强度等。例如人们会选择高强度与高硬度的钢筋来建造高楼，会选用具有较佳延性及展性的金来制成饰品，而且会利用具有弹性的钢制成弹簧床。

——八下康轩版自然，2019年

二 木材的表面处理以涂装最为普遍，可分为透明涂装与不透明涂装。一般材质佳、表面纹理优美的木材会选用透明涂装，例如柚木家具，其涂装材料依序使用一般底漆、二度底漆及透明漆。而另一种不透明涂装方式，会先以补土填充材料孔隙，并依序选用底漆、面漆进行涂装。

——八下康轩版自然，2019年

三 日常生活中的金属产品，也常以铸造和锻造等方式成形。例如汽车轮胎用的铝合金钢圈，就是以铸造的方式，将熔融的铝合金倒入事先做好的模具内，待冷却后除去模具而得；厨房中的不锈钢刀（菜刀），则是将不锈钢材加热到火红软化后，以重锤敲击锻造而成。

——八下康轩版自然，2019年

四 医用材料大致可分为高分子、陶瓷、金属与复合材料等四类。由于生医材料被运用于身体，故不能产生发烧、溶血、过敏及致癌等不良作用，同时也须避免微生物混入或附着于材料中，因此材料的钝化与消毒就十分重要；此外，生医材料通常无法像人体组织般进行新陈代谢，其所制成的产品植入人体后，除了能被人体吸收消失者外，只能经由手术重新替换，因此亦须特别注重其耐用性。

——八下康轩版自然，2019年

同样地，最后列出"中文图书分类法"中的应用科学类，让大家参考这个类别究竟包含了哪些主题的书籍。

4应用科学类

- 400应用科学总论
- 410医药
  - 411卫生学
    - 411.1个人卫生，健康，瑜伽
    - 411.3营养与食品（减肥食品，高血压，糖尿病特殊饮食）
  - 412公共卫生
  - 413中国医学
    - 413.91针灸
    - 413.92推拿，按摩
    - 413.93指压
    - 413.94气功
  - 414中药学
  - 415西医学
    - 415.2内科
    - 415.7皮肤科
    - 415.8泌尿科
    - 415.9神经科
  - 416外科
  - 417妇产科，老幼科
  - 418药学，药理学，治疗学
  - 419医院管理，医事行政，护理
- 420家政
  - 423服饰，服装
  - 425美容
  - 426家庭手艺
  - 427饮食，烹饪
    - 427.11中餐食谱

* 427.12西餐食谱

* 427.13东方各国食谱（日本料理）

* 427.16点心食谱，糕饼食谱

* 427.2肉类，海鲜

* 427.3谷物蔬菜

* 427.4饮料

○428育儿

○429家庭卫生

● **430农业**

○434农艺

○435园艺

○436森林

○437畜牧与兽医

○438渔业

○439农业加工

● **440工程**

● **450矿冶**

● **460化学工程**

● **470制造**

● **480商业，各种营业**

● **490商业，经营学**

○494企业管理

○495会计

○496商品学，市场学

○497广告

○498商店

○499各公司行号

第 **6** 章

其他形式的阅读

- 学术论文
- 杂志
- 网页
- 电子邮件
- 电子书

 **学术论文**

阅读论文前先确认自己看的是硕士论文，还是博士论文。硕士论文的目的与手法是借用或整合既有理论观点作为分析架构；博士论文目的与手法则是以创新理论为分析架构。

硕士论文选择出核心理论后，"研究设计"的部分是方法论的层面。如果想了解某议题的研究现状，可以挑选最新的硕士论文，直接阅读"文献探讨"处，就能总览所有切入此议题的视角。

博士论文需要自己建构一个新的理论观点，涉及事物本质性的问题，是本体论的层面。

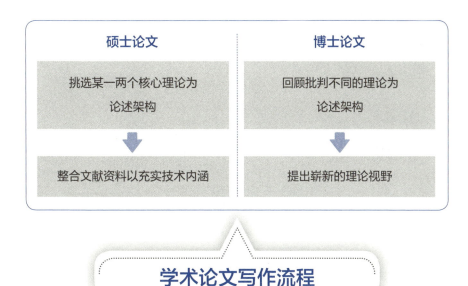

一篇写作完整的论文，可以让我们阅读步骤一"浏览"时，只要阅读"标题""摘要""结论"即可掌握大部分的重要内容了，知晓这篇论文是否契合我要的阅读目的。若此论文契合阅读目的，就可以依照上页图表所列的焦点来进行阅读步骤二"找关键词"。

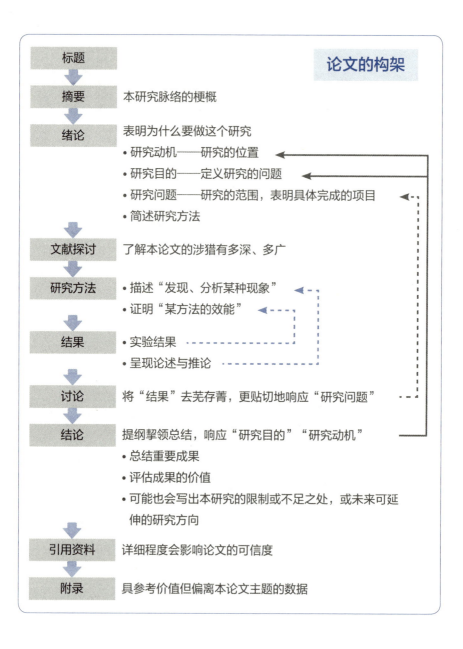

论文的构架

标题 →

摘要 → 本研究脉络的梗概

绪论 → 表明为什么要做这个研究
- 研究动机——研究的位置
- 研究目的——定义研究的问题
- 研究问题——研究的范围，表明具体完成的项目
- 简述研究方法

文献探讨 → 了解本论文的涉猎有多深、多广

研究方法 →
- 描述"发现、分析某种现象"
- 证明"某方法的效能"

结果 →
- 实验结果
- 呈现论述与推论

讨论 → 将"结果"去芜存菁，更贴切地响应"研究问题"

结论 → 提纲挈领总结，响应"研究目的""研究动机"
- 总结重要成果
- 评估成果的价值
- 可能也会写出本研究的限制或不足之处，或未来可延伸的研究方向

引用资料 → 详细程度会影响论文的可信度

附录 → 具参考价值但偏离本论文主题的数据

杂志

流行服装杂志、装潢杂志的整个页面是图片多于文字，文字多数散落在各图片的上下左右处，文字是用来补充说明图片用的。通常我是先用影像阅读去浏览图片，感兴趣的图片或不能理解的图片，才降低阅读速度去看周遭的文字。

计算机杂志的阅读跟计算机书籍是以步骤性的操作为主，我其实不会整本书都看过，阅读步骤一"浏览"时挑出目前用得上的章节或段落，然后一个字一个字慢慢读并对照着书一步步在计算机上操作。如果其中讲到最新的软硬件发展信息，这部分的阅读方式就跟一般的新闻一样。

以下主要讲述如何阅读新闻杂志，包含社会新闻杂志、政治新闻杂志、财经新闻杂志。

杂志的编排已经帮我们把一个页面切成两栏式、三栏式、四栏式，等于是将页面切割成两等份到四等份，对视野宽度还不够宽的人来说，运用杂志来练习影像阅读法是最好的素材。

但因为整本杂志会包含许多不同类型的文章，所以练习时，请直接从第94页"文章的阅读"所说的步骤开始进行即可。新闻，就是最近发生的真实故事，请以第143页"历史"所讲述的抓重点方式来进行。

❶ 摘录自《今周刊》1148期，两栏式的切割方式

❷ 摘录自《天下杂志》663期，三栏式的切割方式

❸ 摘录自《今周刊》1148期，四栏式的切割方式

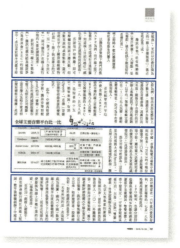

一般这种新闻杂志会帮我们在每个段落上写上小标题，先阅读这些小标题也能帮助我们理解整篇文章的主要目的与架构。

摘自《天下杂志》663期

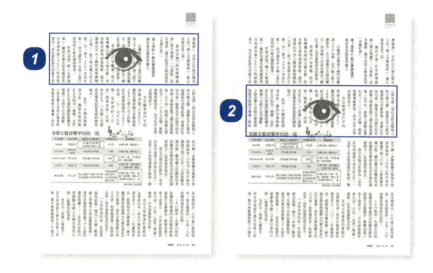

　　如果你是视野宽度不够宽的人，因为杂志的版面切割开了，我们可以一次看一个区块就好。

　　眼睛的视觉落点就放在整个区块的正中央的位置，同样眼睛放松，将整个区块的文字以影像的方式摄入脑中。

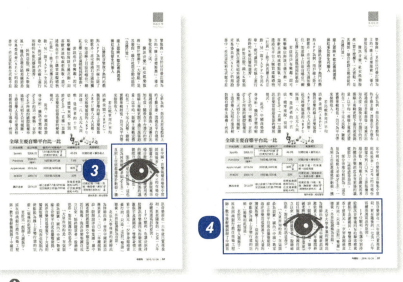

↑
左侧有图表，先避开不看

遇到有图表的地方，要把图表单
独视为一个区块。 ⬂

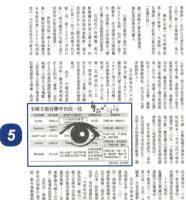

网页

1. 网络新闻

本来我要为这一节定的标题是"光看标题就能理解新闻的年代，已经过了"或是"只看第一段就能理解新闻的年代，已经过了"碍于计算机与手机版面大小、网页呈现的方式，只能用标题来吸引我们，等于是我们只能从标题来判断这则新闻该不该看下去。尤其是我国台湾近两三年的网络新闻，为了冲高点击率，常会运用读者的好奇心，而写下"诈欺式标题"，其实就是"题不对文"的文章。

我第一次被骗的新闻标题是"玛丹娜在舞台上做了这件事，让大家惊呆了……"，阅读完整篇内容后，我发觉没有任何足以让人惊呆的事情，只是一篇很简单描述玛丹娜演唱会情况的文章。从此，网络上充满着"惊呆了……""吓呆了……"等词汇。

一阵子后，大概很多人跟我一样不再被骗，于是开始出现这种进阶版的诈欺式标题。

"×××××，真正原因是……""×××××，只因

这件事……""×××××，情节超展开""×××××，结果……""×××××，引发网友……"。这种"不知所云"的标题，用模糊的概念让我摸不着头绪，我又忍不住好奇心，鼠标点进去看完后，这才发现已经花了时间看了一点都不感兴趣的新闻。我见过最夸张的诈欺式标题，是让我误以为记者要讲述 A，结果，看到新闻的最后一段，才知道整篇文章都在讲其他，娱乐新闻最爱用这种"挂羊头卖狗肉"的标题，例如："豁出去了！女星为孩子素颜陪睡50人"，内容为女艺人跟孩子出去玩一起睡通铺的新闻。幸好，这种标题很容易被网友唾弃，出现概率不到10%。

没有确定阅读目的或阅读目的是为了娱乐时，我们很容易掉入"题不对文""不知所云"的标题陷阱，浪费自己的时间却成为帮忙冲高点击率的网民从2016年开始，光看新闻标题就能理解内容重点的年代已经过了。娱乐、社会新闻喜欢运用引发偷窥心理的诈欺式标题；财经、政治、文艺类则爱用隐晦的诈欺式标题。

2. 网络文章

每天要发好几篇文章的网络平台、社交平台，跟博客在特质上有着大同小异之处。相同点是吸引我们的眼睛的好文章，希望我们持续追踪他的发文。相异点是网络平台养了一群网络小编，一天要发好几篇不同主题、不同作者的文章。

假设是"整理数据"的阅读目的，或只求在"基础阅读"的层次上，我会半开玩笑地说："看完标题就好，内容已经不重要了。"因此我通常在浏览的步骤时就已经阅读完毕。

假设阅读目的放在"探索研究""寻求认同""打开视野",或进行"分析阅读""主题阅读"的层次,看一篇网络文章是不够的,片段地在网络上看文章,很容易落入以管窥天且得到以偏概全的结论。

绝大多数网络平台、社交平台的文章不像一本书,缺乏一个大型系统性架构。除非网络小编是像写书一样早已规划好系统性架构,我们又是每天持续追踪每篇文章,否则很难进行"分析阅读""主题阅读"的层次。再者,花了这么多天的时间去追踪一个主题,这也太浪费生命了。倒不如花小钱去买本书还比较节省时间成本与金钱成本。(网络费+护眼成本,远比买书成本高。)

有时会见到网络平台运用了诈欺式标题,网络文章的标题超级无敌长,写着耸动的文字,但这个标题仅描绘出整篇文章的某个小、小、小的概念。我总不禁要同情这些可怜的网络平台小编,想必他们也不愿意一直绞尽脑汁在标题上动手脚,但为了点击率,小编只好继续来诈欺我们的眼球。

目前另有些网络文章正在疯狂地写故事,大量运用说故事营销的方式,前面会写一大段的对话或是故事过程,不管故事本身是否经过改编,一个生活中的小片段、小事件,借由作者的"小题大做""扩大解释"后仔细描述故事过程,就形成了一篇长长的故事。后半段再写出这个故事带给作者什么心得或什么样的想法,而作者论点通常会在标题载明。

除非我当时处在三姑六婆的八卦心态中,或是心怀追求娱乐的阅读目的,否则阅读网络文章时,我会略过全部故事,直接阅读讲述论点的段落。[1]

我个人发现，多数时候就算我整个略过故事，只阅读最后一两段，其实也不影响我理解作者要提出的论点。[2]

补充一下，若在一本自然科学、社会科学、经济学、哲学、工具书中出现了作者仔细描述的故事，我不会视若无睹，因为这个故事的转折之处通常带给作者某些启发，转折之处正是让作者产生论点的原因。

我对其他国家的情况，并无认真地进行过探讨，目前的经验是，日本人写的书，每篇文章的标题写得很精准，标题就是结论，或标题就是主题。故日本人写的网络文章也多数是如此，很容易阅读。也就是说，如果只是要进行第一个层次的"基础阅读"，有时我只看完标题，内容就不用看了。

---

[1] 写到这里，我脑中浮现一个多年前的"小投诉"。讲授创意训练的企业内训后，主办小组立刻私下向我反映："本以为会听到很多别家公司是怎么做的，没想到你都没有讲。"我心想，我又不来讲别家公司的秘密或八卦的，我也不能讲出别家的创意啊！

[2] 两年前，分别有两个成人与一个初中生很有同感地对我说："网络文章都在讲废话。"六成的网络平台与社交平台上的文章，确实让我有这样的感觉。

范例

当我想知道"台湾美食"时，直接在搜索引擎上输入"台湾美食"，呈现画面如下：

台灣小吃 - 維基百科，自由的百科全書
zh.wikipedia.org/zh-tw/台灣小吃 ˅
台灣小吃 台灣飲食 台灣傳統飲食 隱藏分類：自2017年12月帶有失效連結的條目 條目有永久失效的外部連
結 自2012年1月語調不適於維基百科的條目 拒絕當選首頁新條目推薦欄目的條目 ...

【台灣美食】CNN推薦報導，台灣必吃的40道美食小吃，沒吃過等於...
yontobt.pixnet.net/blog/post/192698419-【台灣美食】cnn推薦... ˅
CNN報導：『台灣必吃的40道美食!!』到台灣小吃王國這些真的非吃不可，個個道地，連身為美食國民的我
們都不得不跟著點頭！您真内行啊!! 臺灣以美食和熱情善良的人為榮，但 ...

台灣美食 - 相關圖片搜尋結果

更多 台灣美食 圖片

全台灣美食大搜查 - iPeen 愛評網 - 美食頻道
www.ipeen.com.tw/taiwan/channel/F ˅
iPeen 愛評網擁有最豐富的全台灣美食資訊，不論是全台灣中式料理、日式料理還是異國料理通通都在全
台灣美食大搜查。想知道全台灣最熱門的美食嗎？iPeen 愛評網是您的第一 ...

我会先看蓝框处，浏览标题＋网站＋网址，让我知道这篇文章是否来自广告或是内容农场，让我能稍微判断文章的可信度有多高。接着，浏览黑框处的文字，让我快速知道要不要点进去看文章。点击链接后，记得严守自己的"阅读目的"，不符合的段落或文章请直接跳

过去不要读哦。并依照前面章节所说的方式去判别该文章的类型，这样才会更精准地抓出重点。

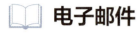 **电子邮件**

电子邮件的阅读，很难一概而论地说"该用什么样的方式来阅读"。

如果你是一个拥有很多决策权与主导权的工作者，或是你本身是将一项工作从头包到尾的执行者，我相信你不会觉得阅读与回复电子邮件有什么困难。

换言之，会觉得电子邮件太多而回复不完的工作者，通常是没有决策权与主导权的信息传递者。这种工作者因为身处在一长串工作任务的某个环节中，因为本身不是真正的执行者，所以收到电子邮件时，必须能正确理解对方想传达的信息，才能进行确认或是搜集情报，再将情报内容回复对方。如果发信者本身无法正确理解收信者的身份角色，可能会将信件内容写得过于简略让人似懂非懂，或是写得过于烦琐让人头晕眼花。

假定收信者本身虽然不是真正的执行者，但已经对必须接触到的信息中所提到的工作任务通通了如指掌，那么就要谨守一个阅读目的：让对方快速得到回复以安心，在同样的工作任务上，减少双方来来回的信件数量。

因此由上延伸出这些做法：

1.针对对方写出来的问题与答复在一封信中全数解决。

2.若有些问题不能在这次信件中回复，也要一并告知对方何时能回复。

3.若无法及时取得相关资讯而无法在公司规定的期限内回复，务必事先告知对方未来可在何时取得正确的回复。

范例　读者寄给我的电子邮件

主旨：《思维导图笔记术》读后心得

老师您好，我在看完《思维导图笔记术》后有些心得及问题想与您分享。

首先，我自己本身在大学时就粗浅地接触过心智图，那时大概明白思维导图是一个用来解决问题的很好的方法，但是没有应用过，在我考上国家考试后，我们受训的教材里面有关法规的章节都用了思维导图呈现它的架构，因为有了思维导图，让我对于采购法规这类烦琐的内容有了清楚的了解，我有了"看见整个树林"的感觉。

在受训结束后我参考了您的书，在应用上遇到了一些问题想请教您一下：

1.思维导图能不能应用在会议记录上？

我在打会议记录时科长跟我反映我打得太过精简，会让没有参加会议的人不明白我想表达的意思，这让我联想到，是不是会议记录没办法用思维导图来呈现呢？因为思维导图是用来复习内容的，如果要作为简报给没有参与过会议的人来看，是需要制作思维导图的人在旁辅助才能完全理解的吗？

2.如果用思维导图来当作读书心得，是否要依照目录的方式来作为思维导图的分类？

我学习思维导图，主要是想用来做我的读书心得，通过自己手写过后增加自己对于书籍内容的印象，我发现目录都已经帮我大致把书中内容分类好了，那如果我认同书中的分类方法，我是不是能够直接利用目录来作为思维导图的分类呢？

附件是我自己画的思维导图，希望老师在看完后能给我一些回馈，让我能够改进。最后，谢谢老师能够有耐心地看完我的来信，祝福老师平安喜乐。

读者A

第一遍浏览先抓出主要表达的大意与概念 ➡ **根据浏览结果，心中先拟定几个回复的要点：**

读后心得

心得＋疑问

正面收获的心得

阅读书籍后，使用上的疑问

能不能使用

依据对象不同，使用时的方法也要不同吗

做读书心得时，须将目录画成思维导图吗

认同作者时，可将目录画成思维导图吗

1.赞赏努力

2.感谢给予回馈解答问题

3.使用时的注意事项

　　3.1用在会议记录时的注意事项

　　3.2用在读书心得时的注意事项

4.鼓励持续下去

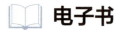 **电子书**

电子书的版面，分成"流动式版面"跟"固定式版面"两种。

书籍内容若富含图表或是插图，为了呈现这些图像，只能做成固定式版面，呈现方式有点类似字体的大小。

如果你在阅读电子书时，觉得把文字放大来看会比较舒服的话，那么建议你在读富含图表或插图在内的书籍时还是买纸本书来阅读比较好，因为这一类的图文书只能做成固定式版面。

固定式版面

推薦序·

成功的人，多半喜歡思考，心智圖有效協助您思考，進而成功！

諮內勞務管理有

我的勞務管理工作主要是以輔導企業制定相關人事管

法令之勞資爭議個案，需要不斷地與企業會議制定策略或與個

業基礎在於對法源的熟悉與策略的運用及實務經驗的掌握，思

進行的進行式 + 未來式。　孫子兵法中也有提到：「謀定後

推薦序·

成功的人，多半喜歡思考，心智圖有效協助您思考，進而成功！

諮內勞務管理有限公司 勞動法令專家·陳瑞珠

我的勞務管理工作主要是以輔導企業制定相關人事管理規章，及處理有關違反勞動法令之勞資爭議個案，需要不斷地與企業會議制定策略或與個案協調，協調溝通的導業基礎在於對法源的熟悉與策略的運用及實務經驗的掌握，思考自然也就是一作中每天都在進行的進行式 + 未來式。　孫子兵法中也有提到：「謀定後，才能克敵致勝」。訓練思考，懂得思考、喜歡思考，運用在工作上才能沉穩，不致犯錯或做出錯誤決定，再嚴重一點也可能有無法挽回的局面。沒有經過思考而率性行事往往落不到，只預期想要的結果，不管是在工作上，生活上，在子女的教育上相信讀者和我都會有很多的經驗與經歷。

我們的大腦就如同肌肉，越使用越快，越使用就會越靈活，就會越聰明。

「心智圖超簡單」這本是一本寫得很棒的工具書，教你怎樣運用你的大腦，不管是在孚智、在溝通、在創意、在邏輯思考上，都是有方法可以讓我們的人腦運用地更有效率。

21 推薦序

将文字放大后的样子，就像是你拿着放大镜在看书一样，放大镜的尺寸有限，你必须移动放大镜的位置才能看完整页内容。

这是我用手机阅读固定式版面电子书时的画面。

纯文字的电子书一定是做成流动式版面，字体随你想放大到多大都可以，皆会以这种方式呈现。

流动式版面

踏上登山之路，每個人都想攻頂，但這是個人目標，不是團隊目標。

IMAX團隊有一個重要的明確目標，就是把45公斤重的攝影機扛到峰頂。他們給這部攝影機起了一個可愛的綽號——豬仔。要征服世界第一高峰，所有東西的重量都錙銖必較。為了減輕重量，登山者甚至會把牙刷後半切掉。所以，要把豬仔抬到峰頂，真是比登天還

16 / 19　　108 / 125　　41 / 51

自私自利只會破壞團隊團結。同儕壓力常常可以使自私、自以為是的人得到教訓。就像卡特萊特那樣，點醒皮肆，要他上場，不要以為他是老大，自己不高興，就可以任性而為。

在我們的5,000人研究中，三十八歲的辛西雅是負責精實六標準差黑帶計畫的經理人。她非常擅長運用同儕壓力使團隊達成共識。在計畫進行之初，她已立下明確的基本規則：一旦做出決策，所有的人都應百分之百投入，即使原本不同意，也要努力去做。

辛西雅說：「儘管有人說：『我不想要這麼做。』但重點是，一旦方向確定，每個人都要支持決議。」

有一次，幾個固執己見的團隊成員破壞規則，自行其是。辛西雅把他們一個個找來，曉以大義。「我讓他們知道，他們的行為不但對團隊決策沒有幫助，甚至是破壞。」她要求他們承諾會百分之百投入。這幾個成員最後被她說服了。辛西雅在下面陳述獲得高分（滿分7分），她得到6

这是我用手机阅读流动式版面电子书时的画面。目前是字体最小的样子，也就是纸本书上一个页面的呈现样式。右下角的数字表示本章节共有19页，目前正在第16页处。

现在将字体放大后，右下角的数字表示的内容调整成125页，目前正在第108页处。

放大字体后出现的文字量会随之变动。右下角的数字表示已经将本章节的内容调整成51页，目前正在第41页处。

电子书的浏览器，我个人推荐买没有蓝光问题的浏览器，比较不伤害眼睛。

如果你是使用平板或是手机来阅读电子书的人，你更需要学会影像阅读法，减少蓝光直射眼睛的时间。

电子书的翻阅方式，无法像纸质书一样一次翻两三页。电子书必须是一页页地翻过去，或是事先知道要看第几页时才能直接点选到那一页。

因为电子书使用上的限制，我不建议初学影像阅读者拿电子书来练习。

有的电子书浏览器可以直接在画面上进行关键词的圈选标记，并储存下这些标记，那么就会很接近纸本书的阅读感。

但是在平板或是手机上阅读电子书者，皆无法进行这一标记动作，故下面以这一类用户为例。

在纸质书籍上能有良好阅读能力的人，或许第一次使用电子书不太熟练，而无法进入影像阅读的状态中。别担心，当你在第二次或第三次练习时就会进入高速阅读的熟悉感中。

以下说明如何使用流动式版面来进行影像阅读法：

1.跟纸质书籍一样，先进行第三章第43页的准备工作。

2.调整字体大小。

3.开始进行第116页的"高速阅读"，把眼前的画面，当成是电视机的画面一样，也就是把文字当成图片来看。一次看一整个页面。手直接在屏幕上滑动，以一秒钟滑一下的速度，不停地翻页，千万不要刻意慢下来，也不要停止，直到一个章节结束。

4.请移开电子书，开始以思维导图来进行活化与整合。

5.重复上一页的步骤3，阅读完一遍后再移开电子书，开始补充思维导图，同样地最多只能补充两遍。

小试身手

摘录自《猫战士十周年纪念版——首部曲之一：荒野新生》。

第一遍：高速阅读

99 *Warriors*　第 8 章

第八章

牙一聽見有貓逼近的腳步聲，立刻嘶吼起來。但火掌卻查覺到她的慌張。母貓她強迫自己站起身體。「再會了，謝謝你的大餐。」她試圖靠三條腿一拐一拐地走，但實在痛得難受，臉部也開始抽搐。「天啊！這都坐僵了！」為時已晚，她哪裡也去不了了。林子裡竄出幾個身影，沒一會兒，就把火掌和黃牙給團團圍住。火掌認出他們是虎爪、暗紋、柳皮和藍星，四隻貓都精瘦而結實。火掌聞到黃牙身發出的恐懼氣味。

火掌緊跟在後，他跳出灌木叢，站在這些戰士旁邊。火掌匆忙和他的移伴打招呼，但只有灰掌理他。「嗨，火掌！」他喊道。

「安靜！」虎爪吼著。火掌瞪著黃牙，心裡七上八下。到現在他

Into the Wild 100
荒野新生

還聞得到她身上的恐懼，但這隻渾身髒污的母貓顯然不肯認輸，依舊用挑釁的眼神瞪著他們。

「火掌？」藍星的語調既冰冷又謹慎。「這裡怎麼了？有敵營的戰士……而且才剛吃飽？」

從你們身上的氣味就聞得出來。」她瞪著他，火掌趕緊低下頭。

「她又餓又虛弱……」他開口說道。

「那你呢？難道你也餓到得先餵飽自己，再去幫部族收集獵物嗎？」藍星繼續說，「我想你會打破這條規定，應該是有什麼**好**理由吧？」

火掌不敢輕忽族長軟中帶硬的語調。藍星很生氣，而且氣得有道理。火掌把身體壓得更低了。

他正要開口，虎爪的吼聲就出現了……「寵物貓就是寵物貓，改不了的！」藍星沒理會虎爪，反倒看向黃牙。突然她露出驚訝的表情。「哦──火掌，你幫我逮到一隻影族的貓了，而且還是我認識的。她是影族的巫醫，不是嗎？」她對黃牙說，「妳為什麼大老遠跑來雷族的地盤呢？」

「我以前**是**影族的巫醫，但現在我選擇獨來獨往。」黃牙嘶聲說道。

火掌聽了很訝異。他沒聽錯吧？黃牙以前是影族的巫醫。八成是她身上的惡臭掩蓋了影族的氣味。要是知道她是影族的貓，他會再跟她多戰幾回。

「黃牙！」虎爪嘲弄地說，「看來妳過得很悽慘，不然怎麼會被一個新手打得落花流水的！」

第二遍：抓住关键词

101 *Warriors* 第 8 章

這時暗紋開口了。「那隻老貓根本沒什麼用處，我們現在就可以把她給殺了。」至於這隻寵

物貓，竟敢違背戰士守則，去餵敵營的戰士，當然得接受處罰。」

「把你的爪子收起來，暗紋。」藍星冷靜地說，「所有貓族都知道黃牙有膽識、有智慧，

或許聽聽她怎麼說，對我們會有些幫助。走吧，我們先把她帶回營地，再決定如何處置她……

還有火掌。妳能走嗎？」她問黃牙。「需要幫忙嗎？」

「我還有三條腿呢。」這隻灰斑母貓啐了一口，一拐一拐地往前走。

火掌看得出黃牙眼中痛苦的神情，但她似乎不願讓他們看出她的弱點。他也注意到藍星轉

身帶領他們穿過林子前，曾不經意地流露出尊崇的眼神。其他戰士也各就各位，站在黃牙兩

側，小心押解著她離去。

火掌和灰掌走在隊伍最後面。

「你聽過黃牙嗎？」火掌低聲問灰掌。

「聽過一點，聽說她在擔任巫醫前，曾是戰士，這一點很不尋常。不過我真的想不透，她

怎麼會成為獨行貓？她這一輩子都住在影族的領土啊。」

「什麼是獨行貓？」

灰掌看看他。「獨行貓就是不屬於任何一族，也不屬於兩腳獸，虎爪說這種貓最不可靠，

自私自利。他們通常住在兩腳獸的住處附近，誰都管不住他們，他們會自己找食物吃。」

「要是藍星不要我了，我恐怕就會成為獨行貓啊。」火掌說。

Into the Wild *102*
荒野新生

「藍星處事很公正，」灰掌再三向他保證，「她不會趕你走的，她現在肯定很高興逮到這隻重量級的影族貓。我敢說，她不會怪你拿獵物餵這隻渾身是病的老貓。」

「可是他們老是抱怨獵物太少，唉，我幹嘛去吃那隻兔子呢？」火掌感到很羞愧。

「這個嘛——」灰掌輕推他的朋友，「誰叫你這麼鼠腦袋！你的確違反了戰士守則，不過沒有誰是完美的。」

火掌沒有答腔，只是心情沉重地跟在隊伍後面。這是他第一次單獨出任務，哪知道結果和他當初料想的完全不一樣。

巡邏隊才剛經過營地入口處的崗哨，族民們便跑過來歡迎這些戰士回家。貓后、小貓咪和長老們全都簇擁在兩側，好奇地看著被押解回來的黃牙。幾位長老一眼就認出她來。大家開始竊竊私語：「原來這就是影族的巫醫！」現場頓時瀰漫著嘲弄的氣氛。黃牙似乎對這些奚落充耳不聞。火掌不禁暗自佩服她不理會其他貓的嘲弄，昂首挺胸，瘸著腿費力前進的傲骨。他知道她忍受著極大的痛苦，而且還餓著肚子，雖然她才吃過他抓給她的兔子。

當巡邏隊走到高聳岩時，藍星對著眼前的地面點頭，黃牙聽懂雷族族長的無聲指令，一臉

心智活化与整合

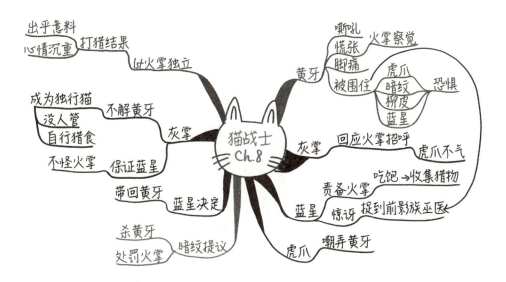

出乎意料
心情沉重 打猎结果
此火掌独立

成为独行猫
没人管 不解黄牙
自行猎食 灰掌
不怪火掌 保证蓝星

带回黄牙 蓝星决定

杀黄牙
处罚火掌 暗纹提议

猫战士
Ch.8

嘶乳
慌张 火掌察觉
脚痛
被围住 虎爪
暗纹 恐惧
柳皮
蓝星
黄牙

灰掌 回应火掌招呼
虎爪不气

吃饱 →收集猎物
责备火掌
蓝星 惊讶 捉到前影族巫医

虎爪 嘲弄黄牙

文字型思维导图

图解型思维导图